左权家书

王定国

主编 左太北
策划 谢　飘　胡木英

中共党史出版社

左权（1905—1942）

左权 中国工农红军和八路军高级指挥员，军事家。1905年3月15日生于湖南省醴陵县黄茅岭一个农民家庭。中学时代开始接触马克思主义。1924年3月入孙中山的建国陆海军大元帅府军政部陆军讲武学校，11月转入黄埔军校第1期，后参加讨伐军阀陈炯明的两次东征。1925年2月加入中国共产党。12月赴苏联，先后在莫斯科中山大学、伏龙芝军事学院学习。1930年回国后，到中央革命根据地，历任中国工农红军学校第1分校教育长、新12军军长、第15军军长兼政治委员、第1军团参谋长和代理军团长等职。曾率部参加反“围剿”和长征。1936年11月与聂荣臻指挥了山城堡战役。抗日战争时期，任八路军副参谋长、八路军前方指挥部参谋长，后兼八路军2纵队司令员。协助朱德、彭德怀指挥八路军开赴华北前线作战，开展敌后游击战争，创建抗日根据地。他善于把握全局，运筹周密，曾参与组织指挥晋东南反“九路围攻”、百团大战、黄崖洞保卫战等战役战斗。1938年冬在晋东南主持召开参谋长会议，制订司令部工作条例，健全司令部的机构和工作制度。1940年12月主持召开八路军首次后勤工作会议。还领导创建黄崖洞兵工厂。他学识丰富，善于总结实战经验，在军事理论、战略战术和军队建设方面均有建树。曾与刘伯承合译《苏联工农红军新的步兵战斗条令》，发表过《论坚持华北抗战》、《埋伏战术》、《袭击战术》、《论军事思想的原理》等论文40余篇。1942年5月，日军在太行区实行“铁壁合围”；25日，他在山西省辽县麻田附近指挥部队掩护八路军总部转移时牺牲。晋冀鲁豫边区政府决定将辽县改名左权县。河北省邯郸市晋冀鲁豫烈士陵园建有左权墓和左权纪念馆。

英勇牺牲的烈士们千古

無上光荣

毛泽东

怀念左权同志

邓小平

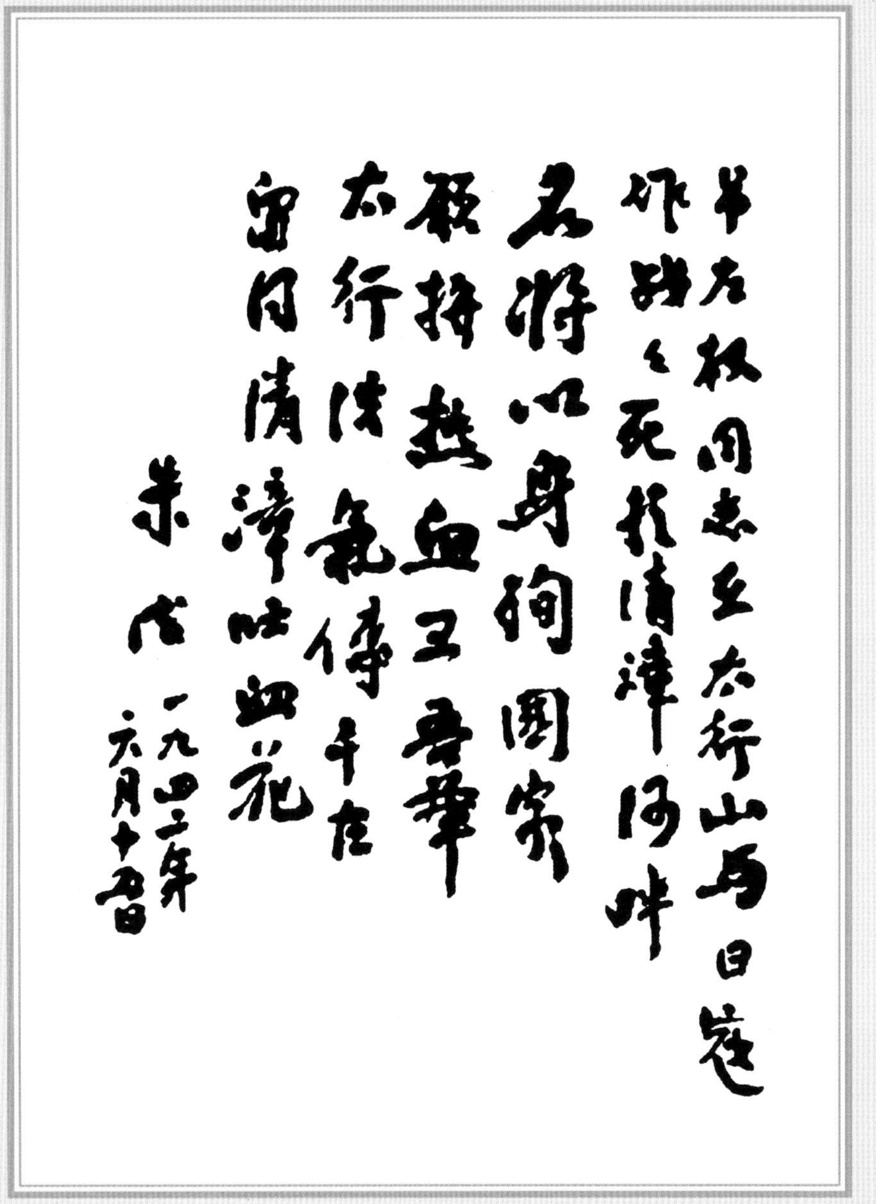

吊左权同志在太行山与日寇作战战死于清漳河畔
名将以身殉国家
愿拼热血卫吾华
太行浩气传千古
留得清漳吐血花

——朱德　　一九四二年六月十五日

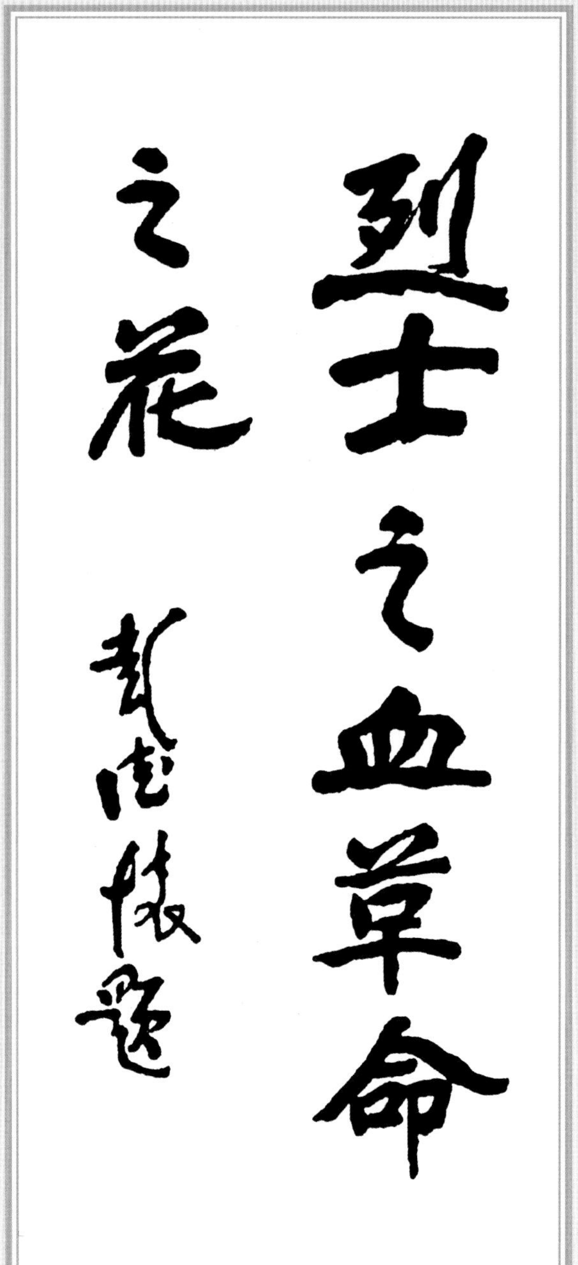

烈士之血 革命之花

——彭德怀题

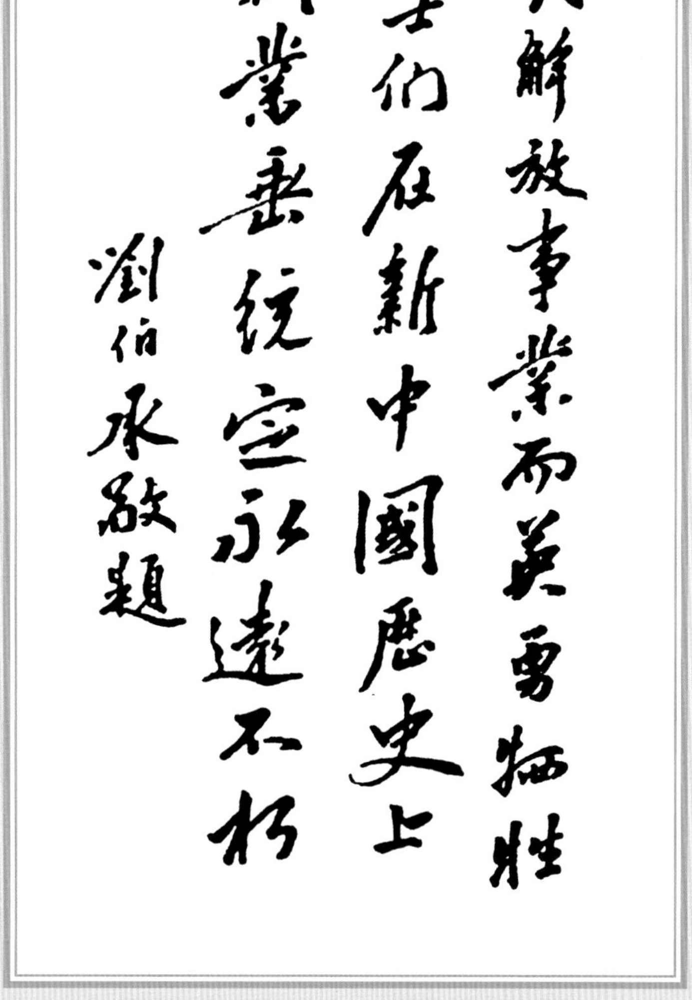

为人民解放事业而英勇牺牲的烈士们在新中国历史上其创业垂统定永远不朽。

——刘伯承敬题

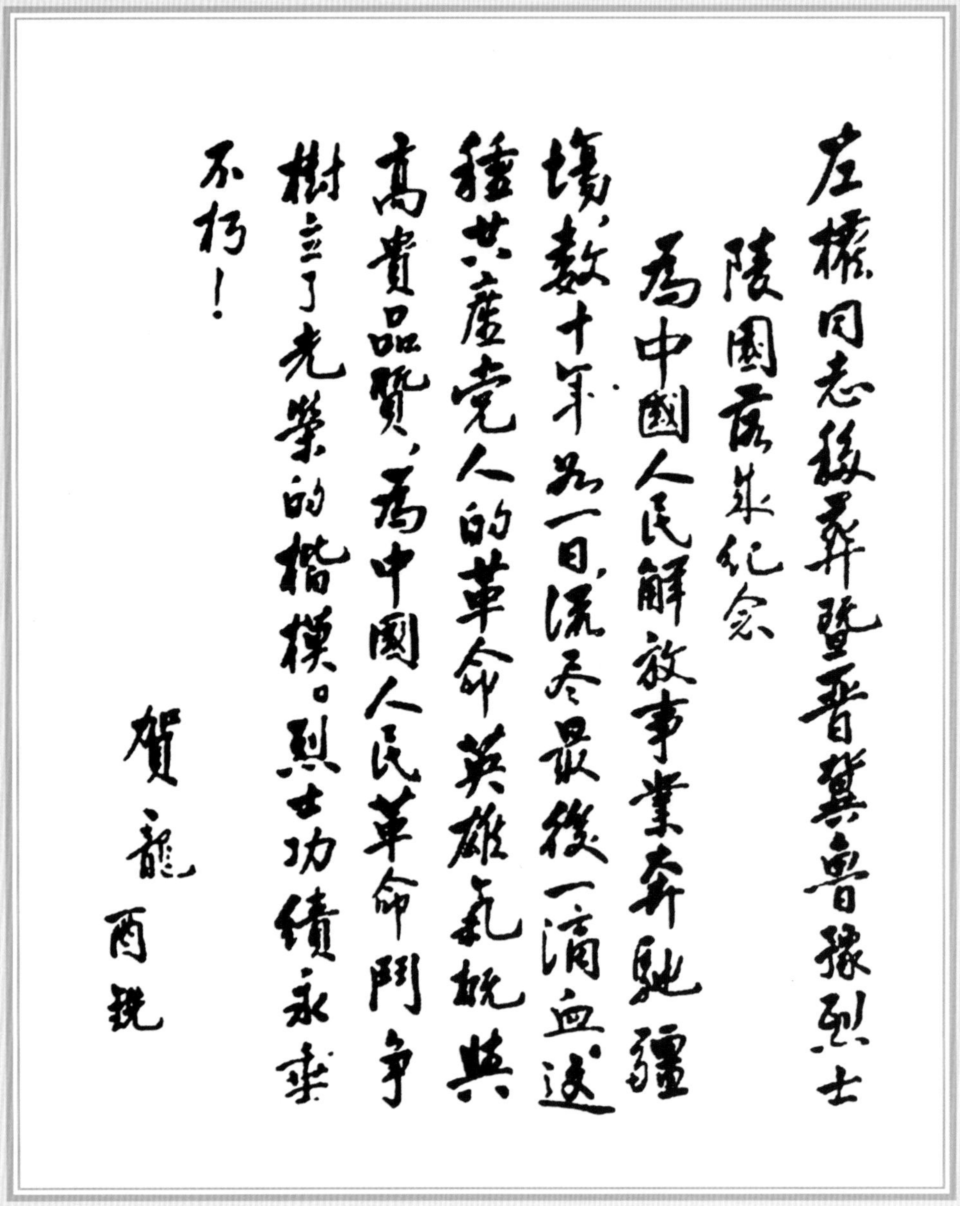

左權同志移葬暨晉冀魯豫烈士
陵園落成紀念
為中國人民解放事業奔馳疆
場，數十年如一日，流盡最後一滴血，這
種共產黨人的革命英雄氣概與
高貴品質，為中國人民革命鬥爭
樹立了光榮的楷模。烈士功績永垂
不朽！
賀龍
題

左权同志移葬暨晋冀鲁豫烈士陵园落成纪念

为中国人民解放事业奔驰疆场，数十年如一日，流尽最后一滴血。这种共产党人的革命英雄气概与高贵品质，为中国人民革命斗争树立了光荣的楷模。烈士功绩永垂不朽！

——贺龙

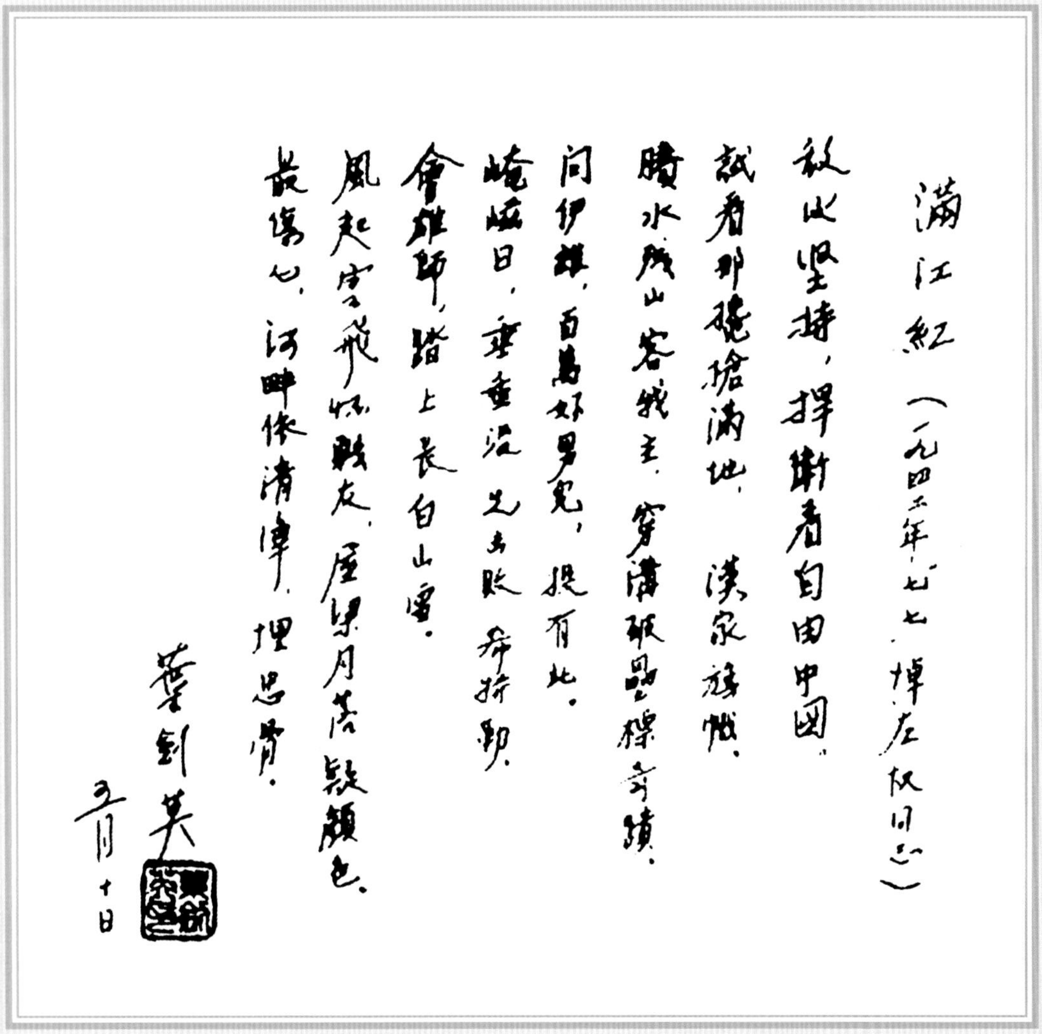

满江红（一九四二年“七七”悼左权同志）

敌后坚持，捍卫着自由中国。试看那欃枪满地，汉家旗帜。剩水残山容我主，穿沟破垒标奇迹。问伊谁，百万好男儿，投有北。

崦嵫日，垂垂没，先击败，希特勒。会雄师，踏上长白山雪。风起云飞怀战友，屋梁月落疑颜色。最伤心，河畔依清漳，埋忠骨。

——叶剑英　五月十日

人民共仰

人民共仰

——谢觉哉题

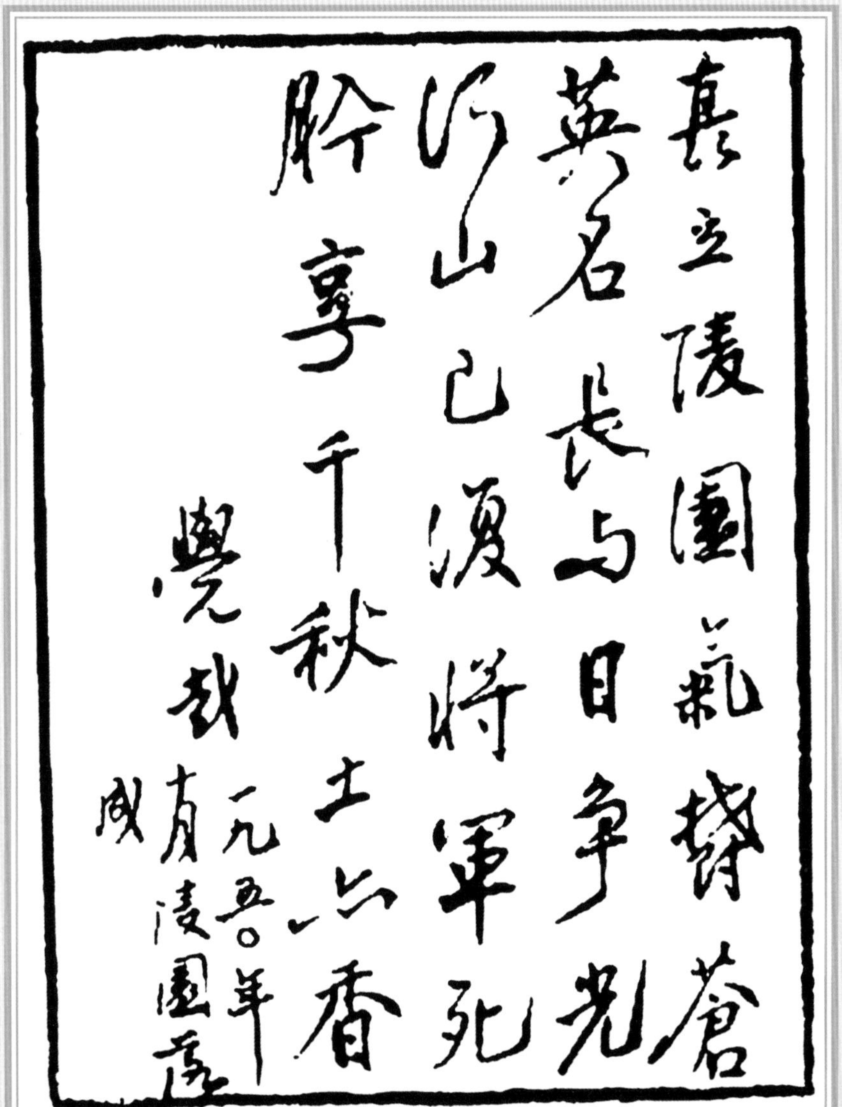

矗立陵园气郁苍
英名长与日争光
河山已复将军死
肸享千秋土亦香

——觉哉　一九五零年十月　陵园落成

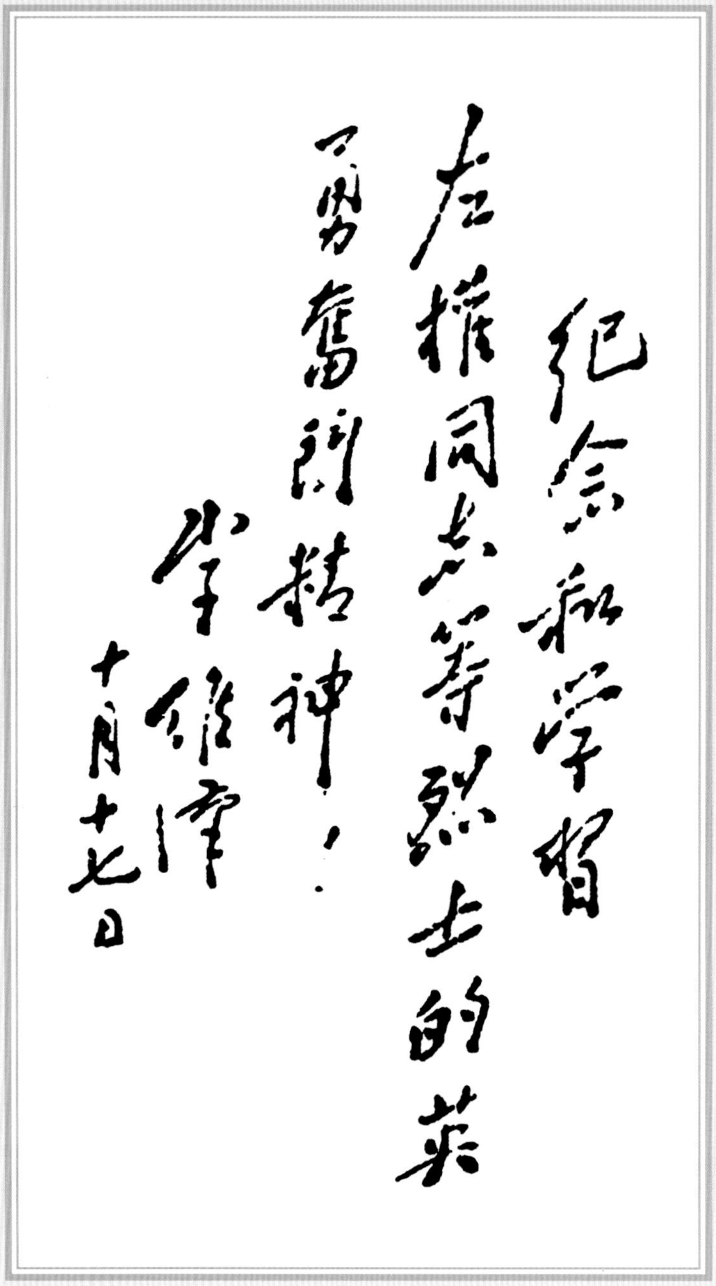

纪念和学习左权同志等烈士的英勇奋斗精神！

——李维汉　十月十七日

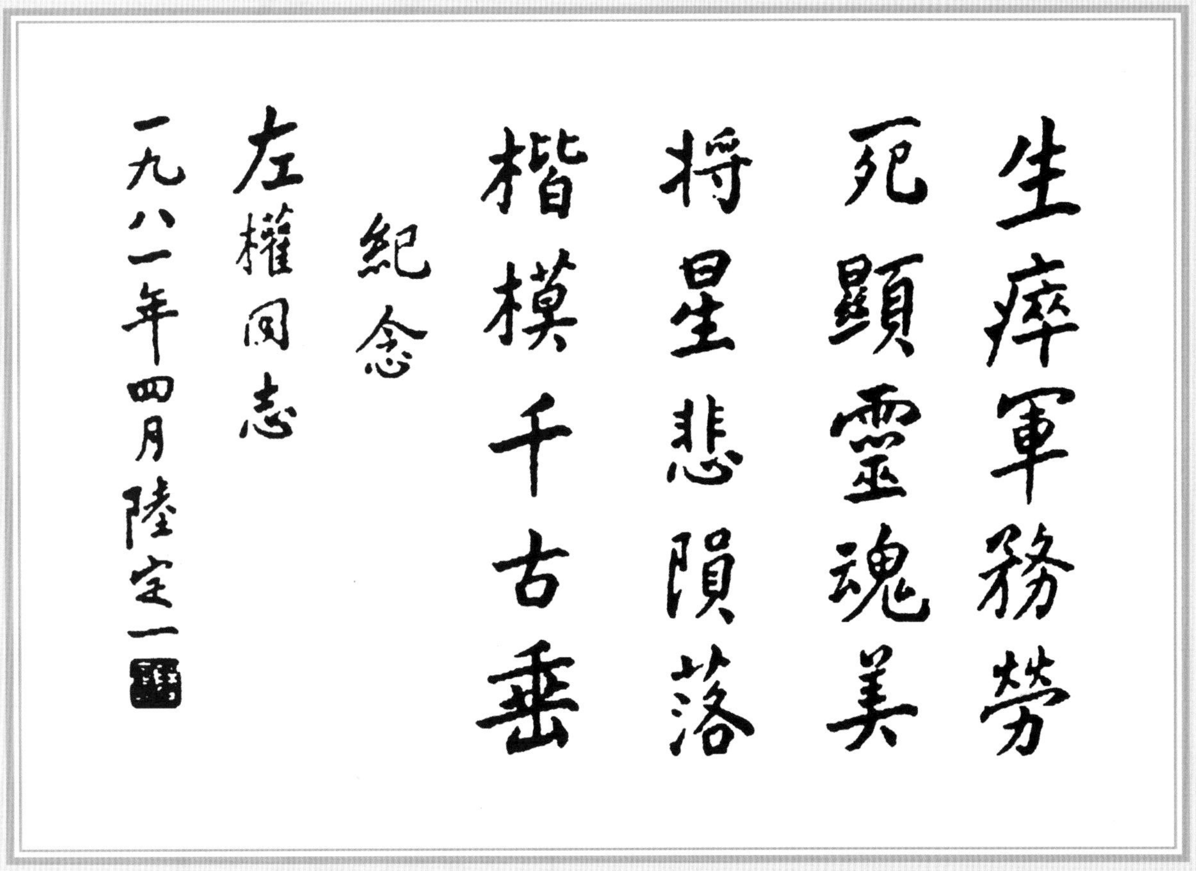

纪念左权同志
生瘁军务劳
死显灵魂美
将星悲陨落
楷模千古垂

——陆定一　一九八一年四月

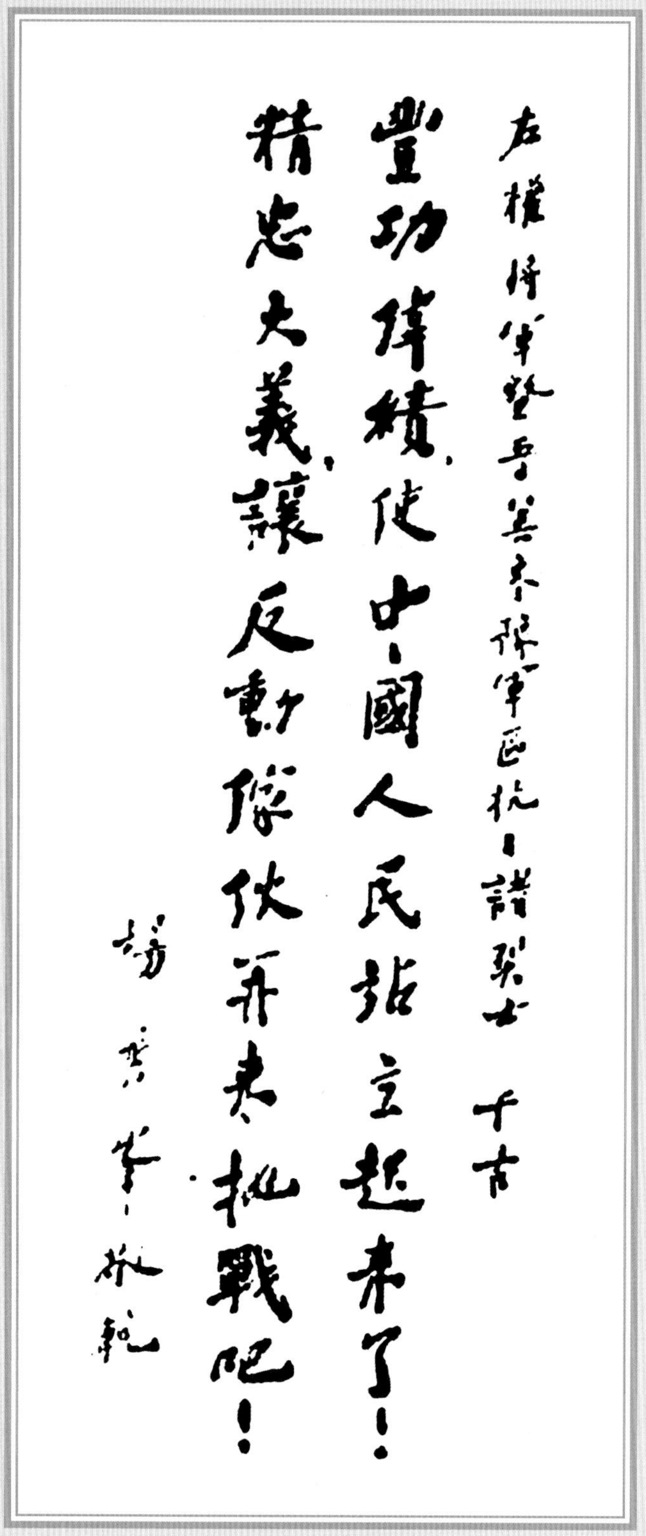

左权将军暨晋冀鲁豫军区抗日诸烈士千古
丰功伟绩，使中国人民站立起来了！
精忠大义，让反动家伙再来挑战吧！
——杨秀峰 敬挽

民族英雄 抗日骁将

——李铁映　二零一二年十二月十二日

1942年7月7日，朱德在延安各界纪念抗战五周年大会上讲话，追悼左权等阵亡将士。

1942年10月10日，太行公葬左权及朝鲜义勇军革命烈士。邓小平、刘伯承、杨秀峰、滕代远、李大章、罗瑞卿等500多人参加了大会。

1950年10月20日，左权将军陵墓迁至邯郸烈士陵园。图为中央人民政府代表，内务部长谢觉哉等在移灵时抬棺。

1950年10月20日，
谢觉哉在左权将军迁墓
集会上致悼词。

左权将军在邯郸烈士陵园的陵寝，谢觉哉为之题“人民共仰”。

1950年10月20日，左权夫人刘志兰携女儿左太北在移灵时执绋。

序言

今年是我国抗日名将左权将军殉国七十周年，也是日本军国主义者发动侵华战争而以失败告终的六十七周年。中共党史出版社重新编辑出版《左权家书》，这次出版以手稿原件影印的形式收录了左权将军1937年9月至1942年5月期间，在行军途中或抗敌前线给母亲、叔父和妻子的13封亲笔书信。穿越七十多年的历史沧桑，追循着将军的墨迹，家书的字字句句、一笔一画、每个标点，都显现了老一辈革命家的崇高革命精神与道德风范，给我带来很大的震撼与感动。

家书的字迹虽然有些模糊，但却清楚地记载了日本侵略者“在占领的地区大肆屠杀，奸淫掳抢”、“见人便杀，见屋便烧，见粮食便毁，见牲畜便打”，还“放毒”残害军队、机关和百姓等种种灭绝人性的罪行。这血痕斑斑的历史警醒着我们，决不能忘记日本军国主义“不仅要亡我之国，并要灭我之种”的国恨家仇。特别是近年来日本国内右翼势力日益猖獗，不但对过去犯下的历史罪行毫无反思、悔改之心，反而不断制造新的事端，向我国和世界人民挑衅，对此，将军的家书正是字字铿锵、声声警钟。

家书的纸张虽然已经泛黄，但将军那颗精忠报国“为了民族国家的利益”、“牺牲我的一切幸福”、“准备吃草”与敌人血战到底的赤子之心却跃然纸上，焕发着大义凛然、大勇无敌的光芒，将永远激励着我们后辈人“把血肉筑成新的长城”，“冒着敌人的炮火前进”，勇敢抗击一切敢于来犯的侵略者，为全面建设小康社会而努力工作。

家书的写作虽然面对着日寇的血腥“扫荡”，面对着苦难与牺牲，但将军却时刻胸怀正义必胜的信念与豪情和对美好未来的憧憬。他们在战火中“开荒种地，修建新房”，还在驻地种植蔬菜花木，“有牡丹、芍药、月季、玉簪以及桃李杏和菊花”；“满川的树木结了不少的核桃、柿子、花椒……还有一条碧绿的水流着，真是太幸福了”，真所谓“战地黄花分外香”、“风景这边独好”！彰显出共产党人和中国人民热爱生活、热爱和平的高贵品质以及决心“在极严重极艰苦的环境中去战胜敌人”的高度自信与乐观精神。

家书的语言虽然简约而直白，但将军对母亲、叔父、兄长的孝敬，对民众、战友、同事的关爱，尤其是对“最亲爱的人”、“我的终身情侣”的思念与眷恋，对“小女儿”、“小宝贝”、“小家伙”、“小天使”的挚爱与牵挂，却渗透在每封家书的字里行间，热烈而深沉。在给夫人刘志兰的第四封信里，当将军再次提到驻地所种植的花时，他这样写道：“大批洋菊花、牵牛花等，开得甚为好看。可惜的就是缺兰，而兰花是我所最喜欢最所爱的，兰恰离开我在千里之外……每次打开门帘，见到各种花的时候就想着我的兰，我最亲爱的兰。”见花思人，即景抒情，情景交融，意趣高远。此时此刻，我们的将军简直就是一位诗人，在抒发人世间最美丽、最纯洁、最高尚的亲情与爱情！鲁迅有诗：“无情未必真豪杰，怜子如何不丈夫。”左权将军不愧为侠胆柔肠大丈夫，丹心碧血真英雄！

杜甫有诗：“烽火连三月，家书抵万金。”将军的家书更是字字千钧，是留给我们和人世间最珍贵的无价之宝，伟大真挚而不朽的灵魂之歌。

谨以此文，敬献于将军家书再版之时。

目 录

左权给夫人刘志兰的十一封信

刘志兰

第一封信

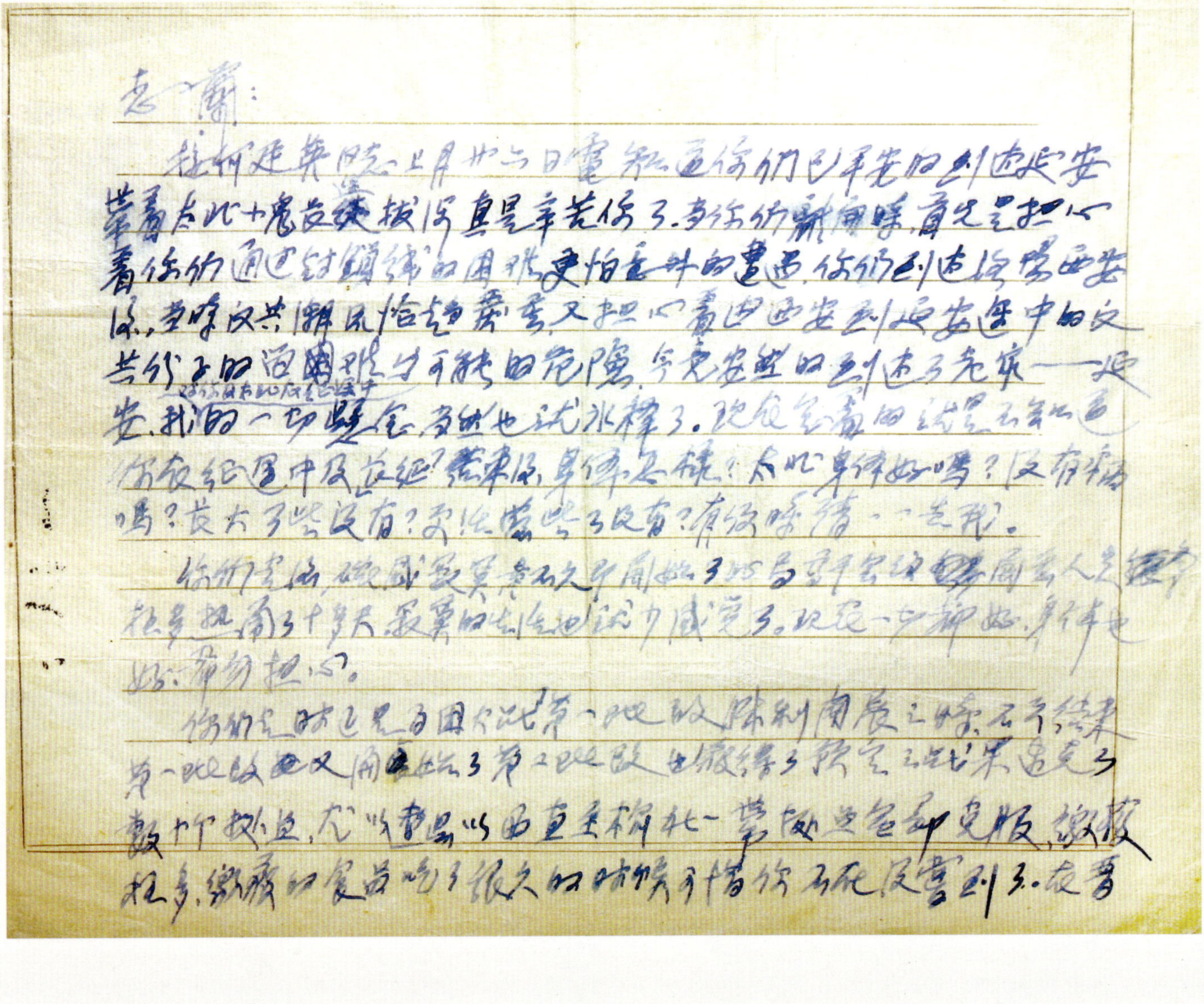

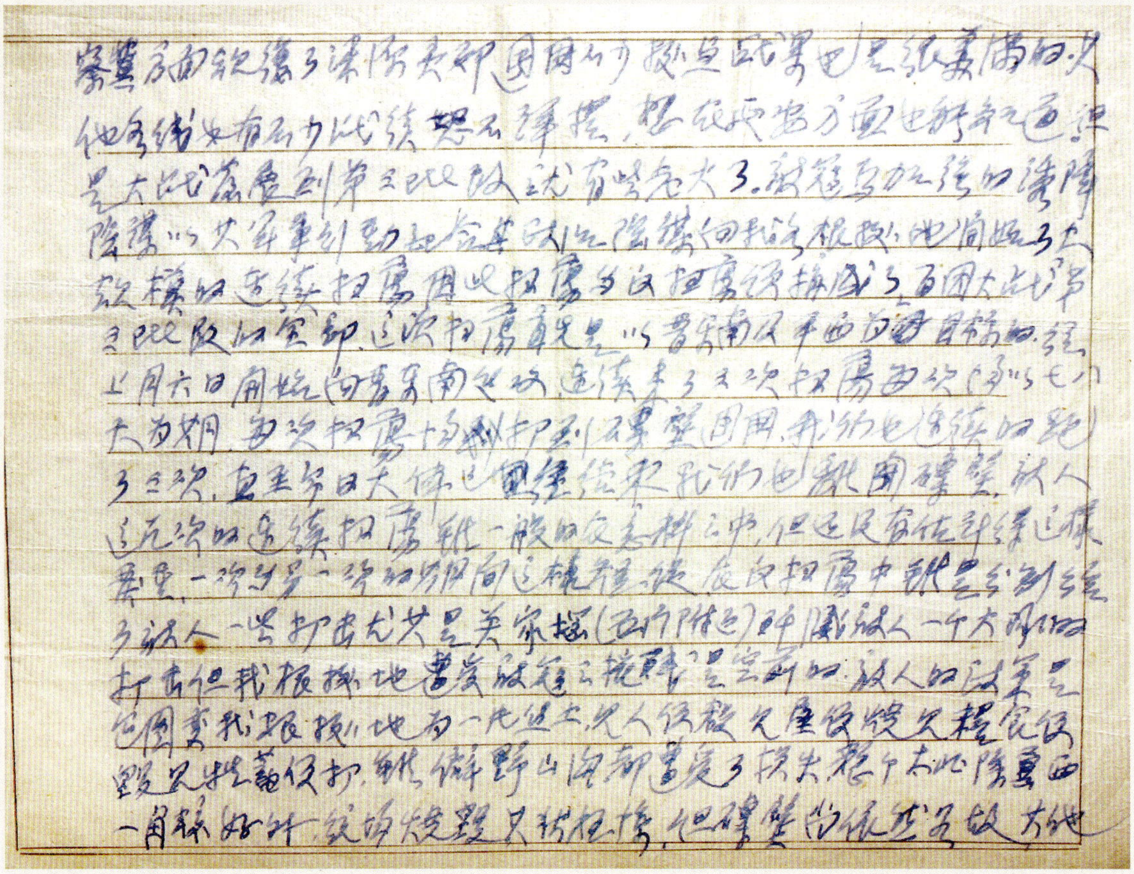

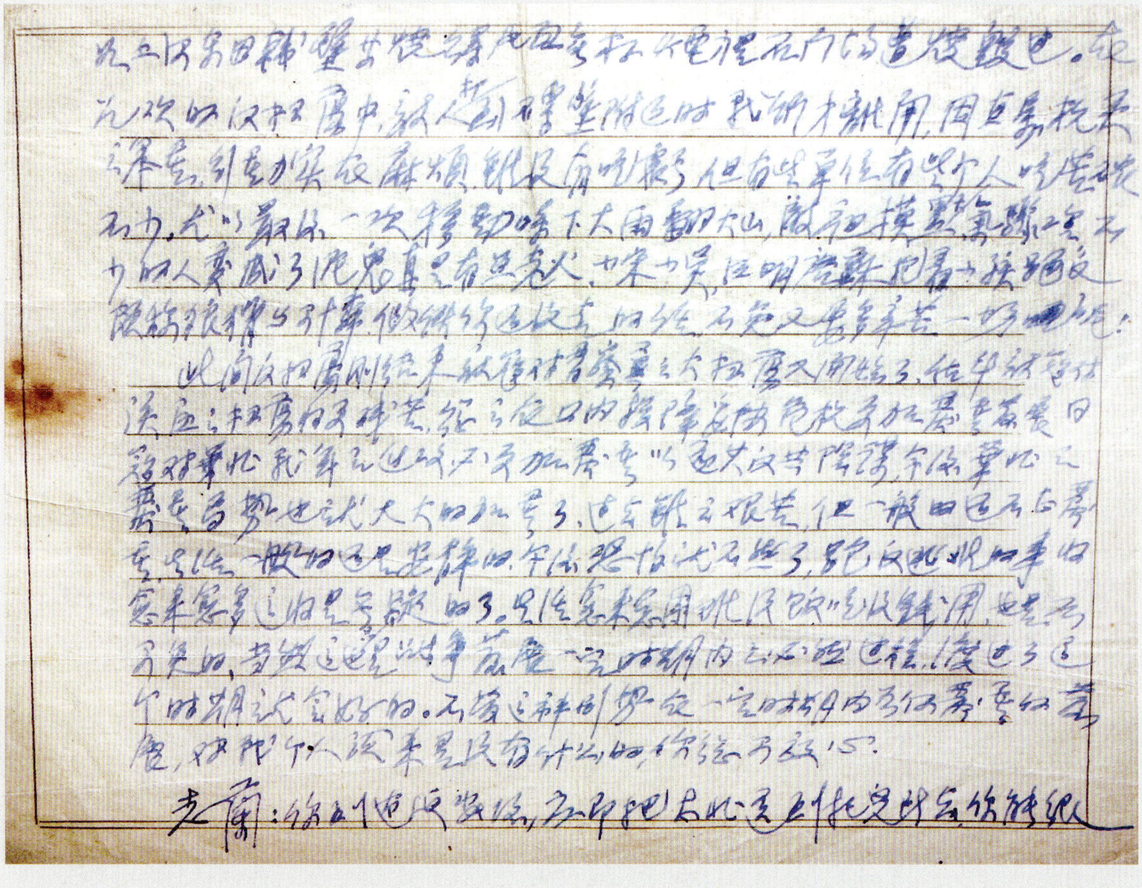

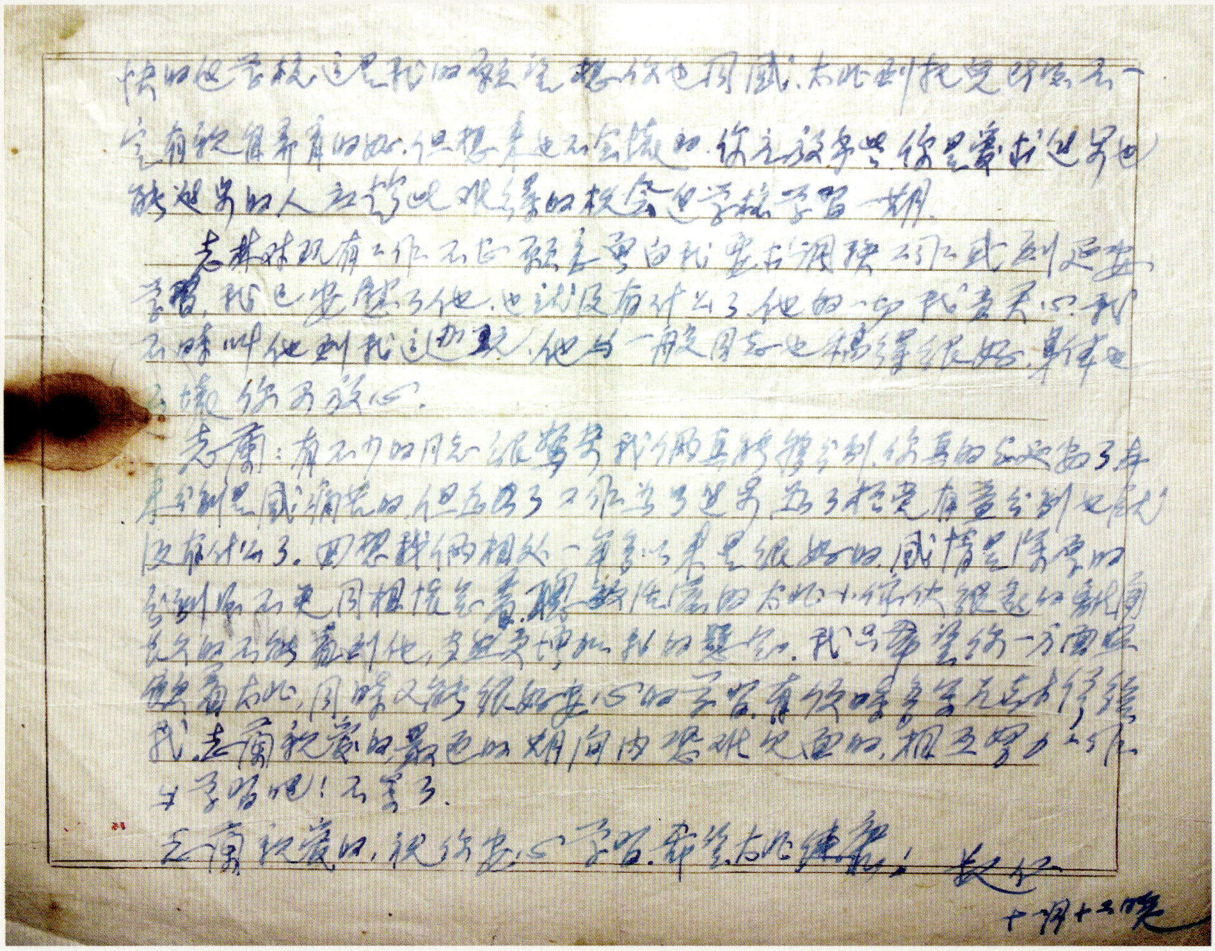
叔仁
十月十二晚

第一封信（1940年11月12日）[1]

志兰：

接何廷英同志[2]上月廿六日电，知道你们已平安的到达延安。带着太北小鬼长途跋涉真是辛苦你了。当你们离开时，首先是担心着你们通过封锁线的困难，更怕意外的遭遇。你们到达洛阳、西安后，当时反共潮流恰趋严重，又担心着由西安到延安途中的反共分子的留难与可能的危险。今竟安然的到达了老家——延安。我对你及太北在征途中的一切悬念当然也就冰释了。现在念着的就是不知道你在征途中及“长征”结束后，身体怎样？太北身体好吗？没有病吗？长大些了没有？更活泼些了没有？有便时请一一告我。

你们走后，确感寂寞，幸不久即开始了北局高干会议[3]，开会人员极多，热闹了十多天，寂寞的生活也就少感觉了。现在一切都好，身体也好，希勿担心。

你们走时正是百团大战[4]第一阶段胜利开展之时，不久结束第一阶段又开始了第二阶段，也获得了预定之战果，连克了数十个据点，尤以辽县[5]以西直至榆社一带据点全部克服，缴获极多。缴获的食品吃了很久的时候，可惜你不在没尝到了。在晋察冀方面收复了涞源、灵丘周围不少据点，战果也是很美满的。其他各线也有不少战绩，恕不详摆，想在延安方面也能知道。但是大战发展到第三阶段就有些老火了。敌寇为加强诱降阴谋，以其军事行动配合其政治阴谋，向我各根据地开始了大规模的连续扫荡，因此扫荡与反扫荡便构成了“百团大战”第三阶段的全部。这次扫荡首先是以晋东南及平西为目标。经上月六日开始向晋东南进攻，连续来了三次扫荡，每次均以七八天为期，每次扫荡均打到砖壁[6]周围，我们也连续的跑了三次，直至今日大体已经结束，我们也离开砖壁。敌人这几次的连续扫荡，虽一般的在意料之中，但还没有估计得这样严重，一次与另一次的期间这样短促。在反扫荡中虽是分别给了敌人一些打击，尤其是关家垴[7]（石门附近）歼灭敌人一个大队的打击，但我根据地遭受敌寇之摧残是空前的。敌人的政策是企图变我根据地为一片焦土，见人便杀，见屋便烧，见粮食便毁，见牲畜便打，虽僻野山沟都遭受了损失，整个太北除冀西一角较好外，统均烧毁，其状极惨。但砖壁尚依然如故，其他如上河、东田、韩壁等烧得片瓦无存，烟□[8]石门均遭烧毁过。在几次的反扫荡中，敌人打到砖壁附近时我们才离开，因直属机关之笨重，行动实在麻烦，虽没有吃亏，但有些单位有些个人吃苦确不少。尤以最后一次移动时下大雨翻大山，彻夜摸黑，天气骤冷，不少的人变成了泥鬼，真是有点老火。小宋小吴，汪明唐苏，抱着小孩跑反，颇称狼狈与可怜，假使你还没走的话，不免又要多辛苦一场呢！

此间反扫荡刚结束，敌寇对晋察冀之大扫荡又开始了，估计敌寇对该区的扫荡将更残苦［酷］。总之在国内投降妥协危机更加严重发展，日寇对华北我军的进攻必更加严重，以遂其反共阴谋，今后华北之严重局势也就大大的加重了。过去虽然艰苦，但一般的还不太严重，生活一般的还是安静的，今后恐怕就不然了，跑反逃难的事将愈来愈多，这将是无疑的了。生活愈来愈困难，没饭吃，没钱用，也是不可免的。当然，这也只是战争发展一定时期内之必然过程，渡过了这个时期就会好的。不管这种形势在一定时期内如何严重的发展，对我个人说来是没有什么的，你总可放心。

志兰：你到达延安后，应即把太北送到托儿所去，你能很快的进学校，这是我的愿望，想你也同感。太北到托儿所后不一定有亲自养育的好，但想来也不会坏的，你应放手些。你是爱求进步也能进步的人，应趁此难得的机会进学校学习一期。

志林[9]对现有工作不甚愿意，曾向我要求调换工作或到延安学习，我已安慰了他，也就没有什么了。他的一切我当关心，我不时叫他到我这边玩，他与一般同志也搞得很好，身体也不坏，你可放心。

志兰：有不少的同志很惊奇我俩真能够分别，你真的去延安了。本来分别是感痛苦的，但为了工作，为了进步，为了于党有益，分别也就没有什么了。回想我俩相处一年多以来，是很好的，感情是深厚的，分别后不免同相怀念着。聪敏活泼的太北小家伙很远的离开，长久的不能看到她，当然更增加我的悬念。我只希望你一方面照顾着太北，同时又能很好安心的学习，有便时多写几封信给我。志兰亲爱的，最近的期间内恐难见面的，相互努力工作与学习吧！不写了。

志兰亲爱的，祝你安心学习。希望太北健康！

叔仁[10]

十一月十二晚

注　释

①同年8月30日刘志兰母女离开晋东南八路军前方总指挥部赴延安。

②即何廷一，1916年生，福建长汀人。当时任八路军前方总指挥部作战科参谋，后任副科长。

③北局高干会议，指1940年9月25日中共中央北方局在晋东南召开的高级干部会议。

④百团大战，是抗日战争时期八路军在华北敌后发动的一次大规模的战役。1940年8月20日至12月5日，八路军出动了100多个团40万兵力，在广大民兵和群众的配合下，向华北敌后主要的交通线发动攻击，并配合各根据地军民进行反“扫荡”作战。整个战役分为三个阶段：第一阶段，从8月20日至9月10日，中心任务是开展交通总破击战，重点摧毁正太铁路；第二阶段，从9月22日至10月上旬，中心任务是扩大战果，继续破击交通线，重点攻占交通线两侧和深入抗日根据地内的日军据点；第三阶段，从10月6日至12月5日，中心任务是反“扫荡”。

⑤今左权县。1942年9月18日，山西省辽县党政军民各界代表5000多人在县城集会，宣布经晋冀鲁豫边区政府批准，为了永久纪念在辽县清漳河畔殉国的八路军副参谋长左权同志，自即日起，辽县易名为左权县。

⑥指山西武乡砖壁村，当时是八路军前方总指挥部驻地。

⑦指山西武乡以东之关家垴高地。

⑧此处系原件无法辨认的字。以□代之，下同。

⑨即刘志麟，是刘志兰胞弟，当时在八路军前方总指挥部工作。

⑩即左权，原名左纪权，号叔仁。

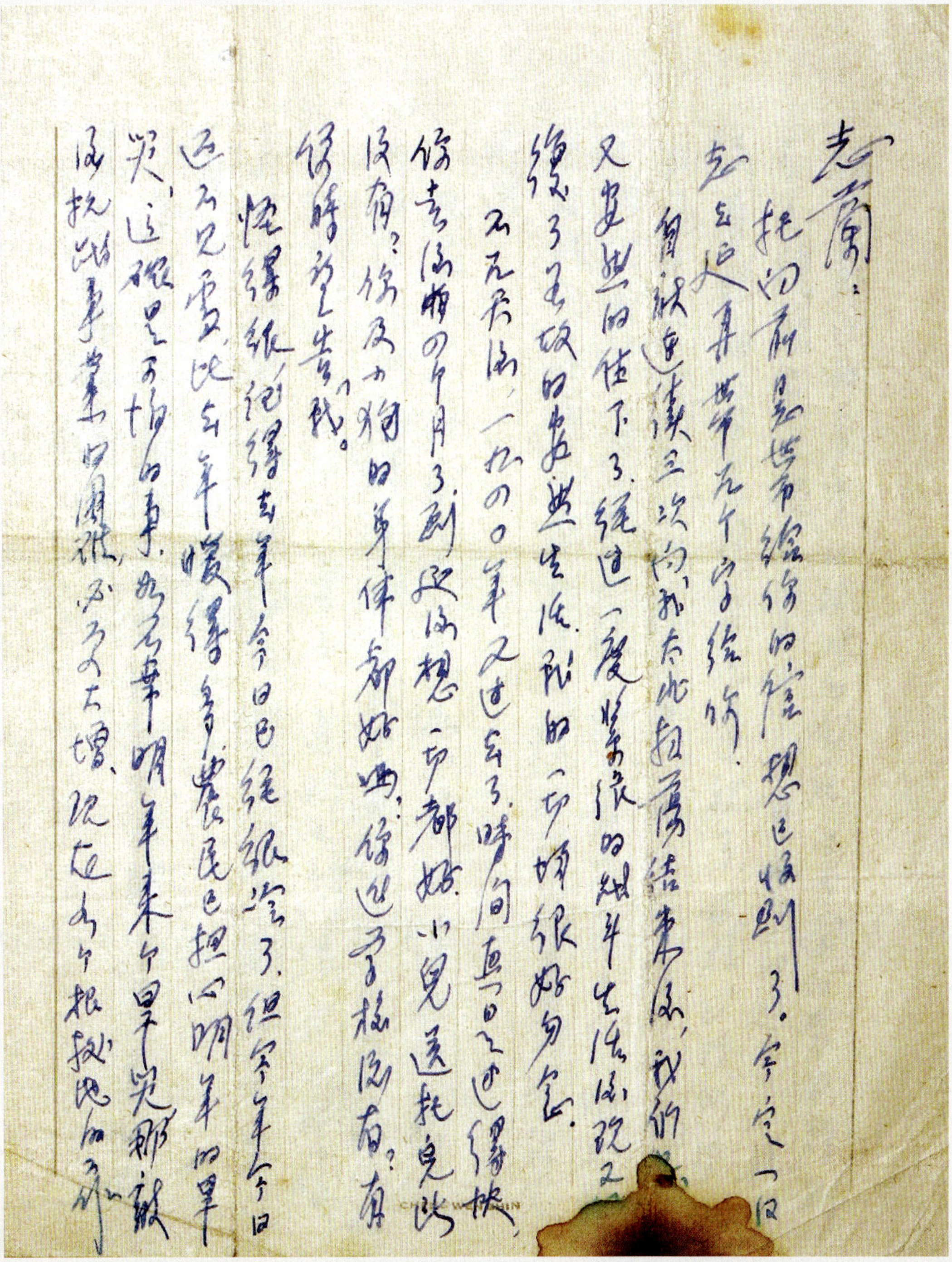
志兰：
托白前同志带给你的信想已收到了。今定一日
去延人再带几个字给你。
自你走后敌又三次向我太北扫荡，结束后，我们
又安然的住下了。经过一度紧张的战斗生活后现又
恢复了平坦的安然生活，我的一切都很好勿念。
不觉的一九四〇年又过去了，时间真是过得快。
你去延已四个月了，别的想一切都好，小儿送托儿所
没有？你及小北的身体都好吗？你过了冬棉衣有？有
何时望告我。
总觉得很，很觉得去年今日已经很冷了，但今年今日
还不见雪，比去年暖得多，农民已担心明年的旱
灾，这确是可怕的事。如不幸明年来个旱灾，那敌
后抗战事业的困难必又大增，现在各个根据地的困

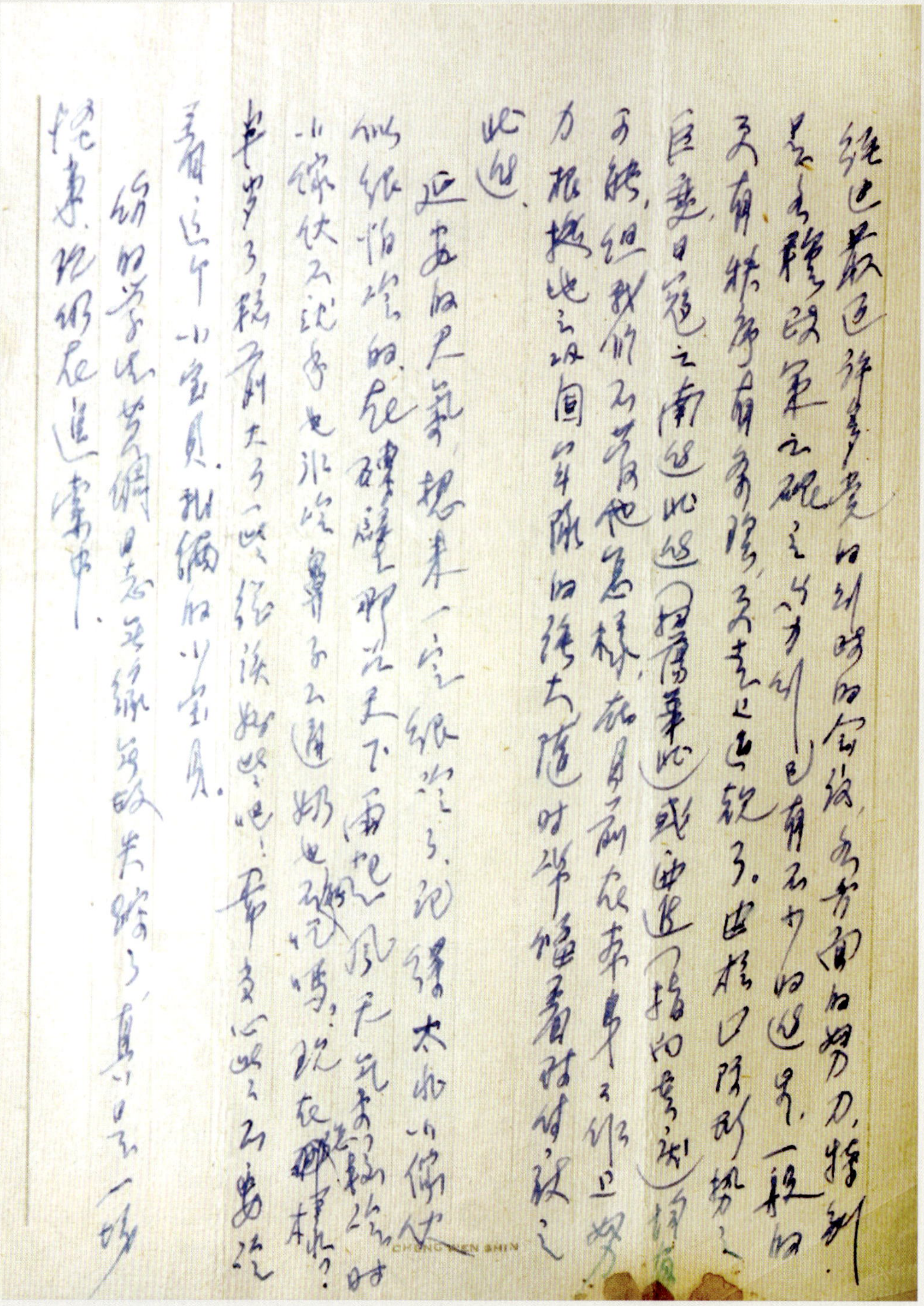

经过最近许多变化的斗争的会谈，各方面的努力，特别
是去年磨擦政策之后，方针已有不少的进步，一般的
又有转好之趋势，至去年已无战了，但根据目前形势之
巨变，日寇之南进（指向南洋）北进（指向苏联）或西进（指向重庆）都
可能，但我们不管他怎样，都是看准事实的，以努
力根据地之巩固与华北的抗战大局，随时准备着对付敌之
北进。

延安的天气想来一定很冷了，记得太北的小家伙
很怕冷的，在读书那几天下雨起风天气亦较冷时
小家伙不说手也冰冷、鼻子不通，她也说冷吗？现在在机关吗？
长得多了，该离开太久了一些，经谈她些吧！希多心些，不要让
看这个小宝贝，我编的小宝贝。
你的学术学习日志已经失踪了，真是可惜一场
损失，现仍在追寻中。

CHENG WEN SHIN

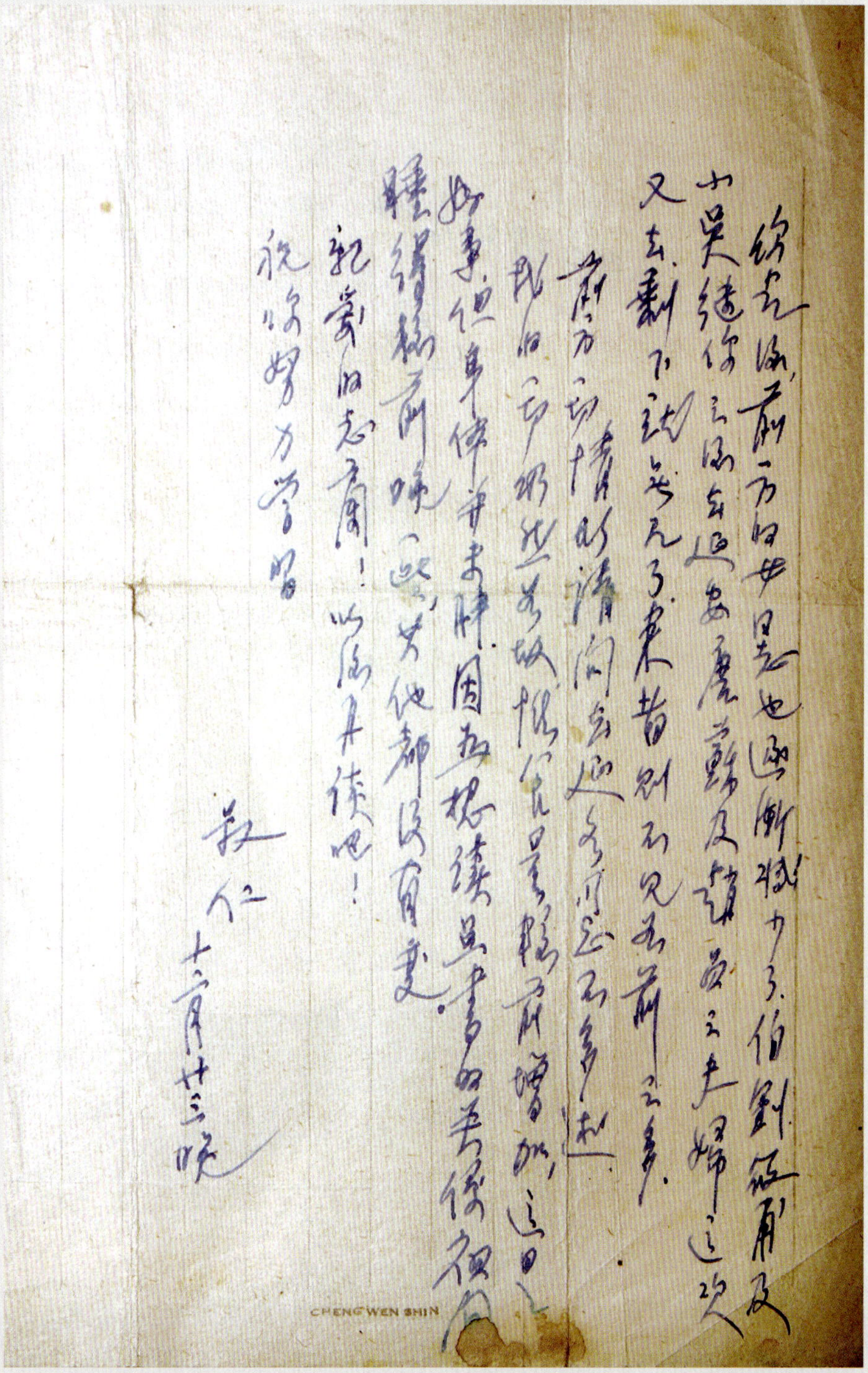
你走后，前一方面的女同志也迎新组织了，伯刘维甫及
小吴随你之后去延安，庆苏及赵英之夫妇这次
又去，剩下的只有了几个，昔别不见前方之多。
前方一切情形请问去延安的同志可知道。
我的工作比以前好，但是不能增加，这回
好事但身体并未胖，因为担任读书的关系，很多
睡得很少，所以瘦，其他都没有变。
纪蜀的志愿！以后再谈吧！
祝你努力学习
敖仁
十二月廿三晚

第二封信（1940年12月23日）

志兰：

托向前同志[①]带给你的信想已收到了。今定一同志[②]去延再带几个字给你。

自敌连续三次向我太北扫荡结束后，我们□□又安然的住下了。经过一度紧张的战斗生活后，现又恢复了如故的安然生活，我的一切均很好勿念。

不几天后，一九四零年又过去了，时间真是过得快，你走后四个月了，到延后想一切都好。小儿送托儿所没有？你及小狗的身体都好吗？你进学校没有？有便时望告我。

怪得很，记得去年今日已经很冷了，但今年今日还不见雪，比去年暖得多，农民已担心明年的旱灾，这确是可怕的事。如不幸明年来个旱灾，那敌后抗战事业的困难必更大增。现在各个根据地的工作经过最近许多党的行政的会议，各方面的努力，特别是各种政策之确立与力行，已有不少的进步，一般的更有秩序有条理，更走上正规了。由于国际形势之巨变，日寇之南进北进（扫荡华北）或西进（指向重庆）均有可能，但我们不管他怎样，在目前在本身工作上努力根据地之巩固军队的强大，随时准备着对付敌之北进。

延安的天气，想来一定很冷了。记得太北小家伙似很怕冷的，在砖壁那几天下雨起风天气较冷时，小家伙不就手也冰冷，鼻子不通奶也不能吃吗？现在怎样？半岁了，较前大了一些，总该好些吧！希当心些，不要冷着这个小宝贝，我俩的小宝贝。

你的学生黄偶同志无缘无故失踪了，真是一场怪事，现仍在追索中。

你走后，前方的女同志也逐渐减少了。伯钊[3]筱甫及小吴继你之后去延安，唐苏及赵品之夫妇这次又去，剩下就无几了。来者则不见如前之多。

前方一切情形请问去延各同志，不多述。

我的一切仍然如故，惟食量较前增加，这是好事，但身体并未胖。因为想读点书的关系，夜间睡得较前晚一些，其他都没有变。

亲爱的志兰！以后再谈吧！

祝你努力学习。

叔仁

十二月廿三晚

注　释

①即徐向前(1901—1990)，山西五台人。当时任八路军第一纵队司令员，由山东返回延安途经晋东南。

②即陆定一(1906—1996)，江苏无锡人。当时任八路军野战政治部副主任兼宣传部部长，1940年12月回延安任中共中央党校教育长。

③即李伯钊(1911—1985)，女，重庆人。当时任中共中央北方局宣传科科长兼晋东南鲁迅艺术学校校长。

第三封信

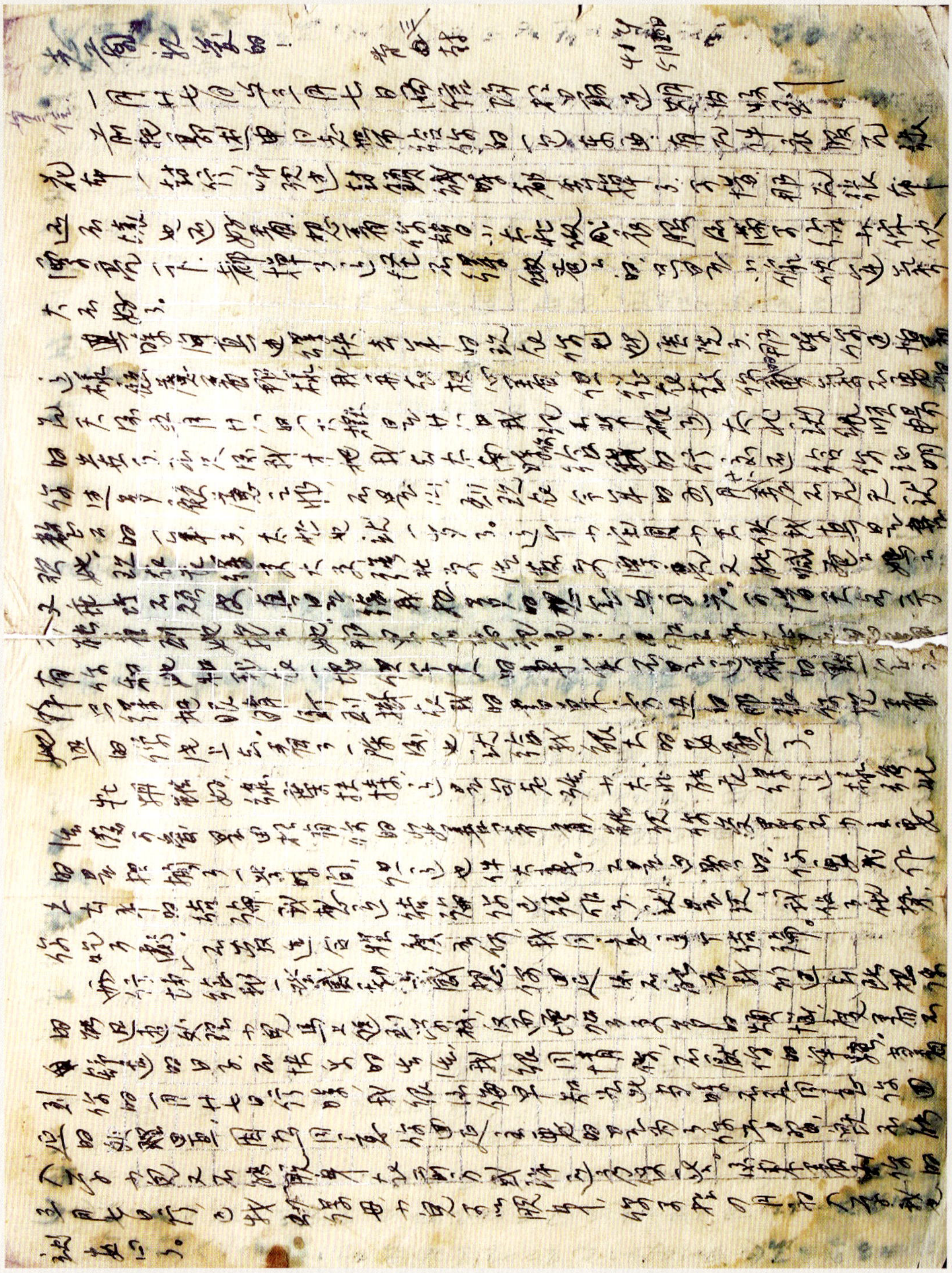

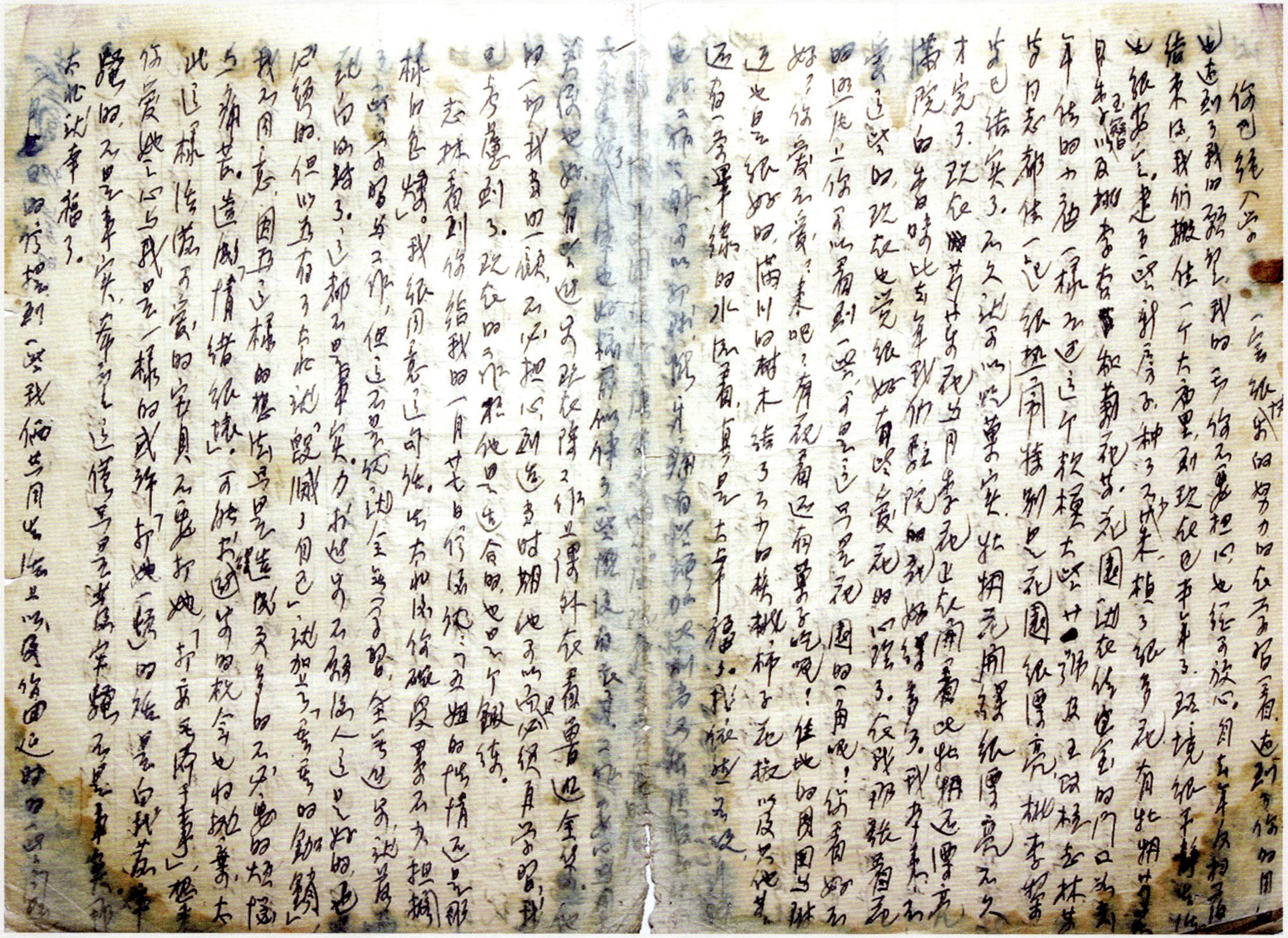

你也结入党了，当然你的努力的成绩，学习看，达到了你的目的，
也达到了我们的愿望，我的一切你不要担心，也很可放心。自去年夏相离
后来你，我们搬住一个大院里，到现在也半年了。环境很干静安
也很安定，建了些新房子，种了不少米，植了很多花，有牡丹芍药
月季、玉簪，以及樱桃、杏和菊花等，花园就在你住室的门口，前面
年你的女友一样，不过这个秋樱大些，廿多株，及玉球柏、杏林等
的日志都住一起，很热闹，特别是花园很漂亮，桃李繁

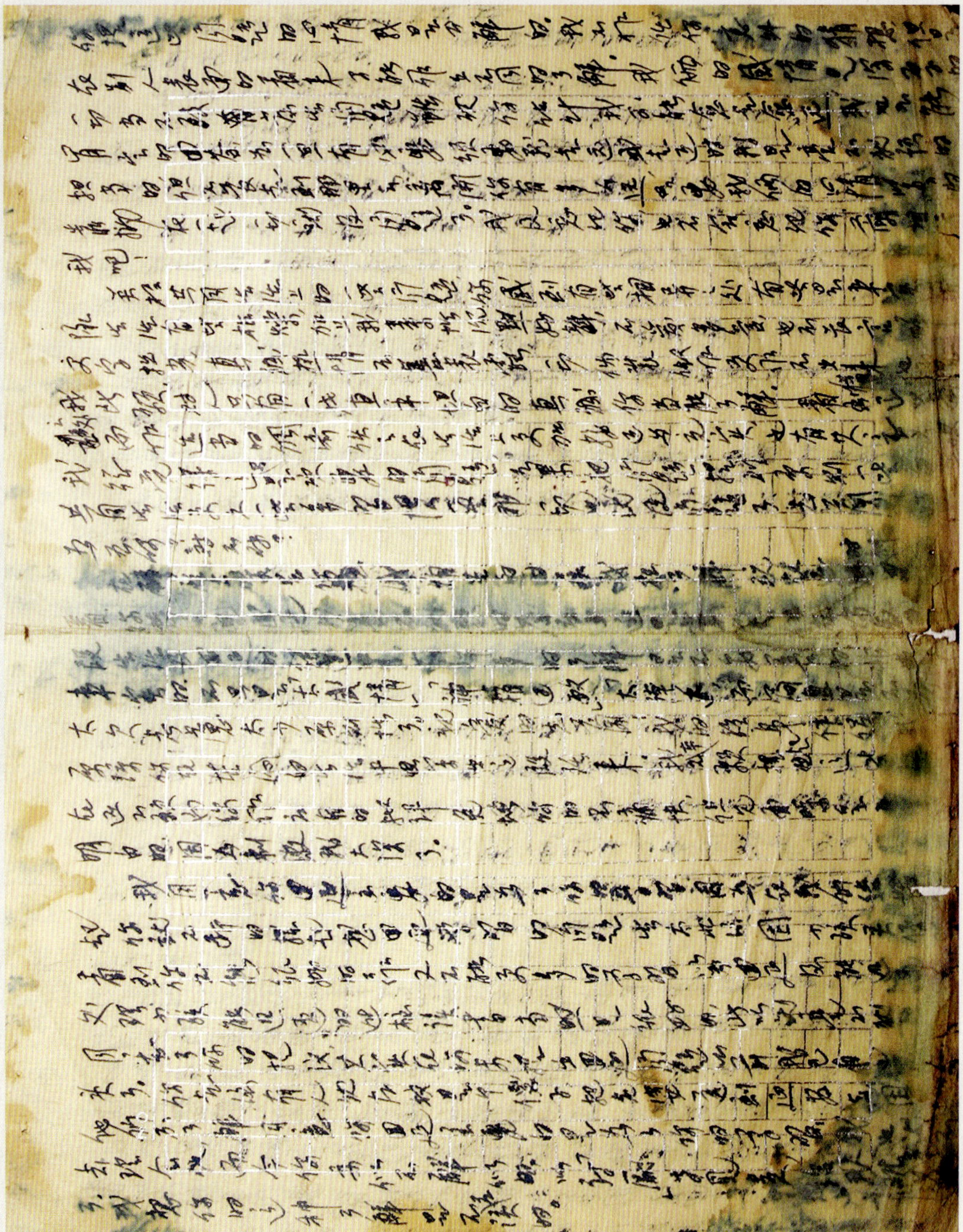

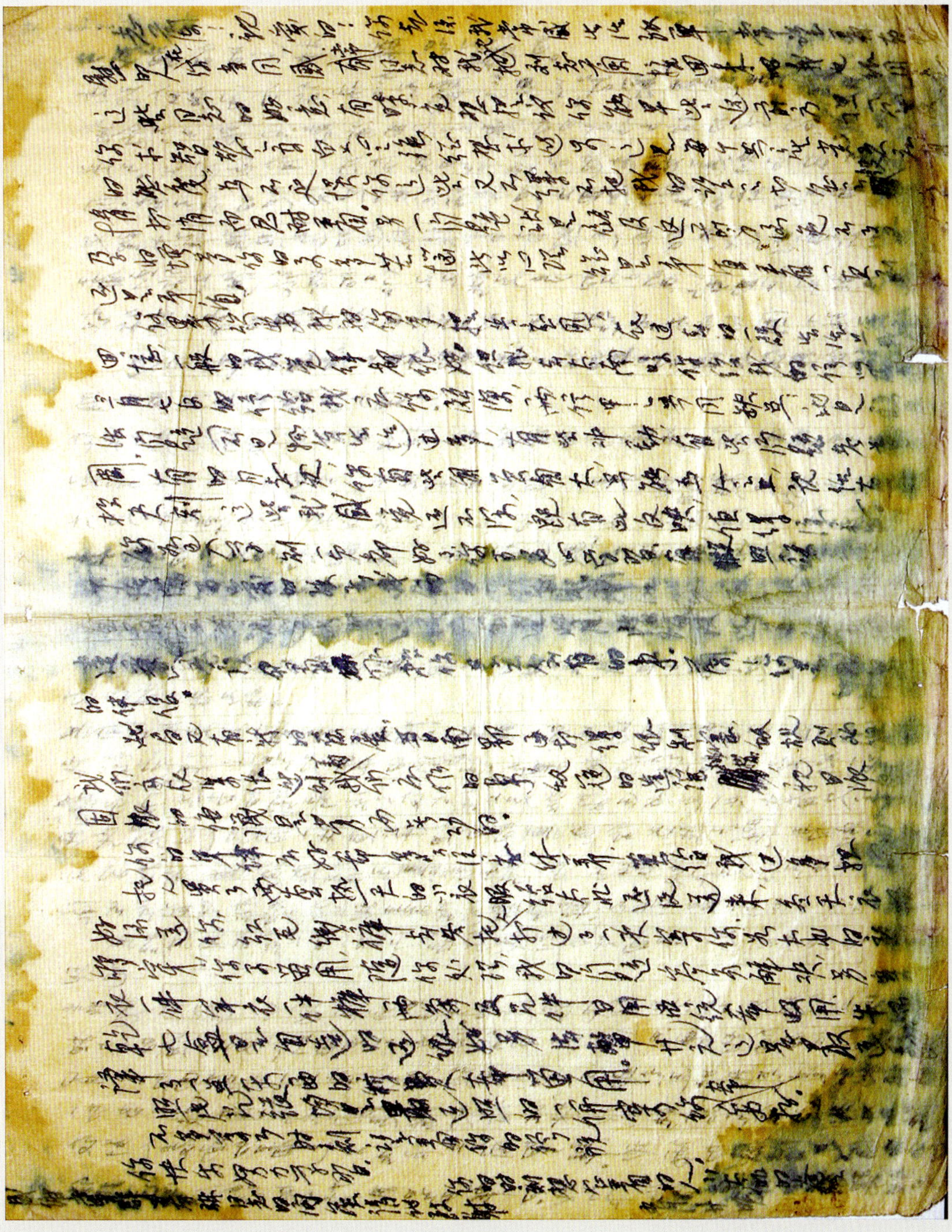

第三封信（1941年5月20日）

志兰，亲爱的！

一月二十七日与三月七日两信均于最近期内收到。

前托郭述申同志[①]带给你的一包东西：有几件衣服几张花布一封信，听说过封锁线时都丢掉了，可惜那几张布还不坏，也还好看，想着你替小太北做成衣服后，满可给小家伙漂亮一下，都掉了，这怪不得做爸爸的，只是小家伙运气太不好了。

时间真过得快，去年的现在你已进医院了，那时你还怕着这样，顾虑着那样，我亦在担心着，但总在鼓你的勇气不要怕，几天后五月廿八日(大概是二十八日我记不准确了)太北就很顺畅的出世了。不久后我才把我去太南时你给我的信交还给你，证明你过多顾虑之非，不是么？到现在，今年的五月廿八差不几天就整整的一年了，太北也就一岁了。这个小宝贝小天使我真是喜欢她。现在长得更大更强壮更活泼更漂亮，又能喊爸爸妈妈，又乖巧不顽皮，真是给我极多的想念与高兴。可惜天各一方不能看到她抱抱她。哪里会忘记呢？在工作之余总是想着有你和她和我在一块，但今天的事实不是这样的。默念之余只得把眼睛盯到挂在我的书桌旁边的那张你抱着她照的像［相］片上去，看了一阵后也就给我很大的安慰了。

牡丹虽好，绿叶扶持，这是句老话。小太北能长得这样强壮活泼可爱，是由于有你的妥善养育，虽说你受累不少，主要的是担搁了一些时间，但这也［是］件大事，不是白费的。你要我作出公平的结论，我想这结论你已经作了，就是说“我占了优势，你吃了亏”。不管适合程度如何，我同意这个结论。

两信均给我一些感动与感想。你回延后不能如我们过去所想像的能迅速处理小儿马上进到学校，反而增加了更多的烦恼，度着不舒适的日子、不快乐的生活。我很同情你，不厌你的牢骚。当看到你的一月廿七日信时，我很后侮［悔］，早知如此，当时不应同意你回延的处置，因为同意你回延主要的是为了你学习，既不能入学，小儿又不能脱身，在前方或许还方便一些。后来看到你的三月七日信，已找到保姆，小儿可以脱身，你可于四月初入学，我也就安心了。

你已经入学了，一定很快乐的努力的在学习着，达到了你的目的也达到了我的愿望。我的一切你不要担心，也总可放心。自去年反扫荡结束后，我们搬住一个大庙里，到现在已半年了，环境很平静，生活也很安定。建了一些新房子，种了不少菜，植了很多花，有牡丹、芍药、月季、玉簪以及桃李杏和菊花等。花园就在住室的门口，如去年住的小庙一样，不过这个规模大些。廿一号[②]及王政柱[③]、志林等同志都住一起，很热闹。特别是花园很漂亮，桃李梨等已结实了，不久就可以吃果实。牡丹花开得很漂亮，不久才完了。现在芍药花与月季正在开着，比牡丹还漂亮。满院的香味比去年我们驻院的花好得多了。我本来不爱这些的，现在也觉很好，有些爱花的心理了。在我那张看花的照片上你可以看到一些，可是这只是花园的一角呢！你看好不好？你爱不爱？来吧，有花看还有果子吃呢！住地的周围与附近也是很好的。满川的树木结了不少的核桃、柿子、花椒以及其他等等。还有一条毕［碧］绿的水流着，真是太幸福了。我依然如故，身体也好，工作之余可以打球，惟牙痛有些增加。□（缺约36字）

志林身体也好，较前似胖了一些，惟没有长高。工作安心，与同志关系也好，有些进步，现在除工作上课外在看《鲁迅全集》。他的一切我当照顾，不必担心。到适当时期他可以而且必须再学习，我已考虑到了。现在的工作于他是适合的，也是个锻炼。

志林看到你给我的一月廿七日信后说："五姐④的性情还是那样的急躁。"我很同意这句话。生太北后你确受累不少，担搁了一些学习与工作，但这不是说就全无学习、全无进步，就落后就向后转了，这都不是事实。力求进步不愿后人这是好的，也是必须的。但以为有了太北就"毁灭了自己"，就加上了"重重的枷锁"，我不同意。因为这样的想法只是造成更多的不必要的烦恼与痛苦，造成"情绪很坏"，可能求得进步的机会也将抛弃。太北这样活泼可爱的宝贝不要打她，"打亦无济于事"，想来你爱她之心与我是一样的，或许"打她一顿"的话是向我发牢骚的，不是事实。希望这仅只是发牢骚，不是事实，那太北就幸福了。

三月七日的信提到了一些我俩共同生活上以及你回延时的一些问题，你提这些问题的心情我是了解的，我不作任何意外的猜想，但是在别人表面的看来可能作出不同的了解。我俩的感情是深厚的，一切当不致发生问题，虽说你估计我可能愈走愈远，我也不能肯定的回答，如一旦有必要须要我走远或走近时，我是毫不犹豫的担当的，但不管走到哪里去，离开你有多么远，只要我俩的心情紧紧的靠拢在一起，一切就没问题了。我没忘记你，也不会忘记你，兰，相信我吧！

关于共同生活上的一些问题，你感到有些相异之处，有些是事实。部队生活有些枯燥，加上我素性沉默好静，不爱多言，也不长言说，文字拙劣，真诚热情不善表露，一切伪装做作更作不出来，也不是我所愿，对人只有一片直平坦白的真诚，你当能了解。看到共同生活中这些之处而作适当的调济，使之在生活上更加接近与充实，也有其意义的，我总觉得这只是次要的问题。如果把问题提到原则一些，共同生活更久一些，多习惯一些，那一切也就没问题了。志兰，你认为如何？对不对？

在砖壁时是你极感痛苦的时候，我能了解。现在还时刻想着你带小儿那段生活及回延时，□□□□有许多的事情□□（缺约26字），是不妥善的，非（□□）事实的。不只是“太感情”、“神精过敏”、“太□□”，而简直是不应该，太欠考虑，太少原则性了。亲爱的志兰，我的终身情侣！我原谅你在苦闷的生活中写出这段话来。我本不愿提起这些，现在还不愿向你作应有的批评，免增你的不痛快，但见面时是需要说明白的，因为刺激我太深了。

我同意你回延主要是为了你的学习，因为在我们结婚起你就不断的提起想回延学习的问题。生太北后因小孩关系看到你不能很好的工作又不能更多的学习，以为回延后能迅速的处理小孩，能迅速的进校读书，当然是很好的。所以就毫不犹豫同意了你的提议。其实在你未提出回延问题以前我已有念头了。你走后有人说左权是个傻子，把老婆送到延安去。因他们不了解同意你回延主要的是为了你的学习，我也就不去理会他。而今你亦似不解似的，以“讨厌”等见责，给我难以理解了。我想你的这种了解是不应该的。

志兰！亲爱的，你走后我常感生活孤单，常望着有安慰的人在，你当同感。常有同志对我说，把刘志兰接回来吧。我也很同意这些同志的好意，有时竟想提议你能早些返前方，但一念及你求智欲之高，向上心之强，总想求进步，这是每个共产党员应有的态度，为不延误你这些，又不得不把我的望之切念之殷情打消而忍耐着。另一问题就是顾及返前方后免不了又怀孕，将增多你的更多苦恼，所以心里总是矛盾着，直到现在还是矛盾。

你累［屡］次要我对你多提出意见，在过去的一段生活上，我回忆，一般的我觉得都很好。但我去太南时你给我的信以及三月七日的信给我应［印］像颇深，两信中之共同缺点，就是顾生活问题(不是物质生活)过多，有些冲动，有些问题考虑不周。有的同志说你有些自负自大，只能为人之上，说话有些过于尖刻，这些我感觉你还不深，既有此反映，值得注意。

你如已入学则一切都好了，你可安心学习，有暇照顾□□活泼可爱的孩子，我们的小宝贝。□□□□□□兰！你是我终身的伴侣。

战局又有新的发展，晋南鄂西打得很利［厉］害，敌机到处轰炸。我们亦在紧张进行着我们应作的事。敌寇的造谣挑拨，亲日派顽固派的侮［诬］蔑是劳而无功的。

你的身体不好，希多多注意休养，莫给我过多担心。

托人买了两套热天的小衣服给太北还没送来，冬天衣服做好后送你，红毛线裤去冬托人打过了一次寄你。如太北的衣服够穿，你可留用，随你处理。我的问题容易解决。另寄呢衣一件、军衣一件、裤两条及几件日用品统希收用，牛奶饼干七盒是自造的，还很好，另法币[5]廿元，这是最近翻译了一点东西的稿费，希留用。

照片几张，均是最近照的，一并寄你，希安好。

不多写了，时刻望着你的信。

祝你快乐，努力学习。

你的时刻想念着的人，太北的爸爸

五月廿晚

感谢叶群[6]、慕林同志的问候，请代致谢。

注　释

①郭述申(1904—1994)，原名郭树勋，湖北孝感人。当时任新四军第二师政治部主任，赴延安途经晋东南。

②指首长代号。

③王政柱(1913—2001)，湖北麻城人。当时任八路军前方总指挥总作战科科长。

④指刘志兰。

⑤是1935年以后国民党官僚资本四大银行(中央、中国、交通、中国农民)依靠英美帝国主义支持所发行的纸币。

⑥叶群(1917—1971)，女，福建闽侯人。当时在延安中共中央党校学习。

第四封信

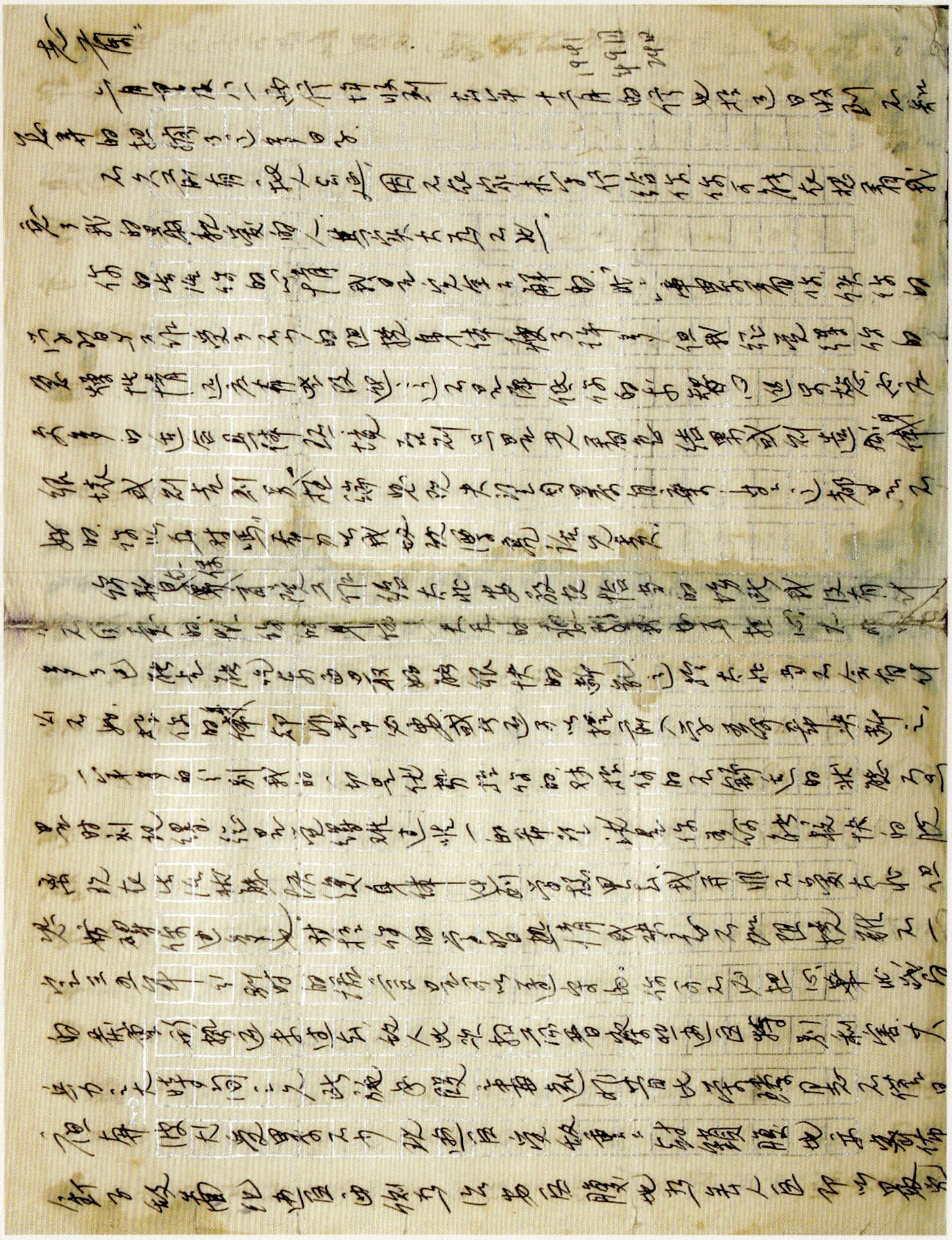

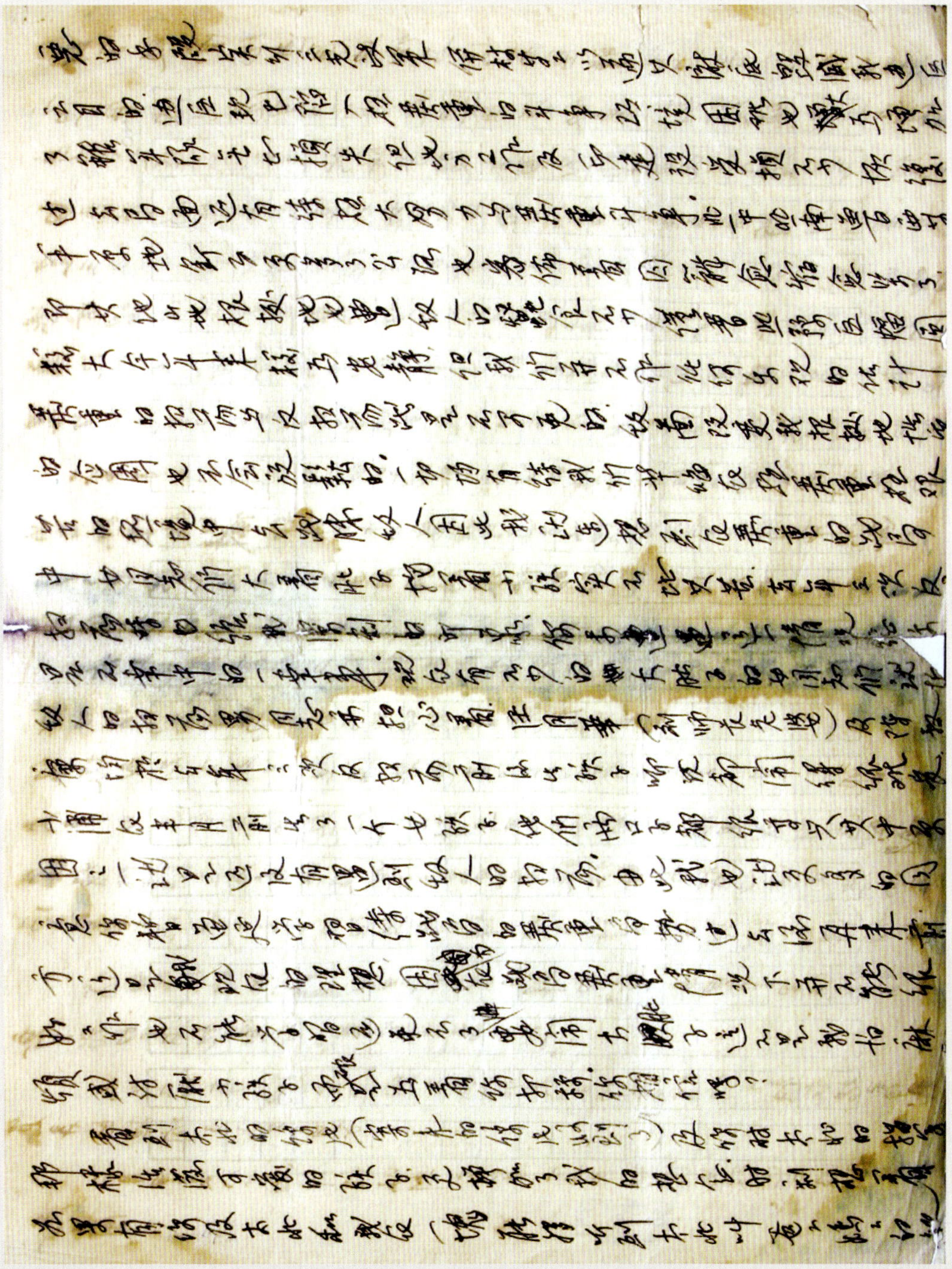

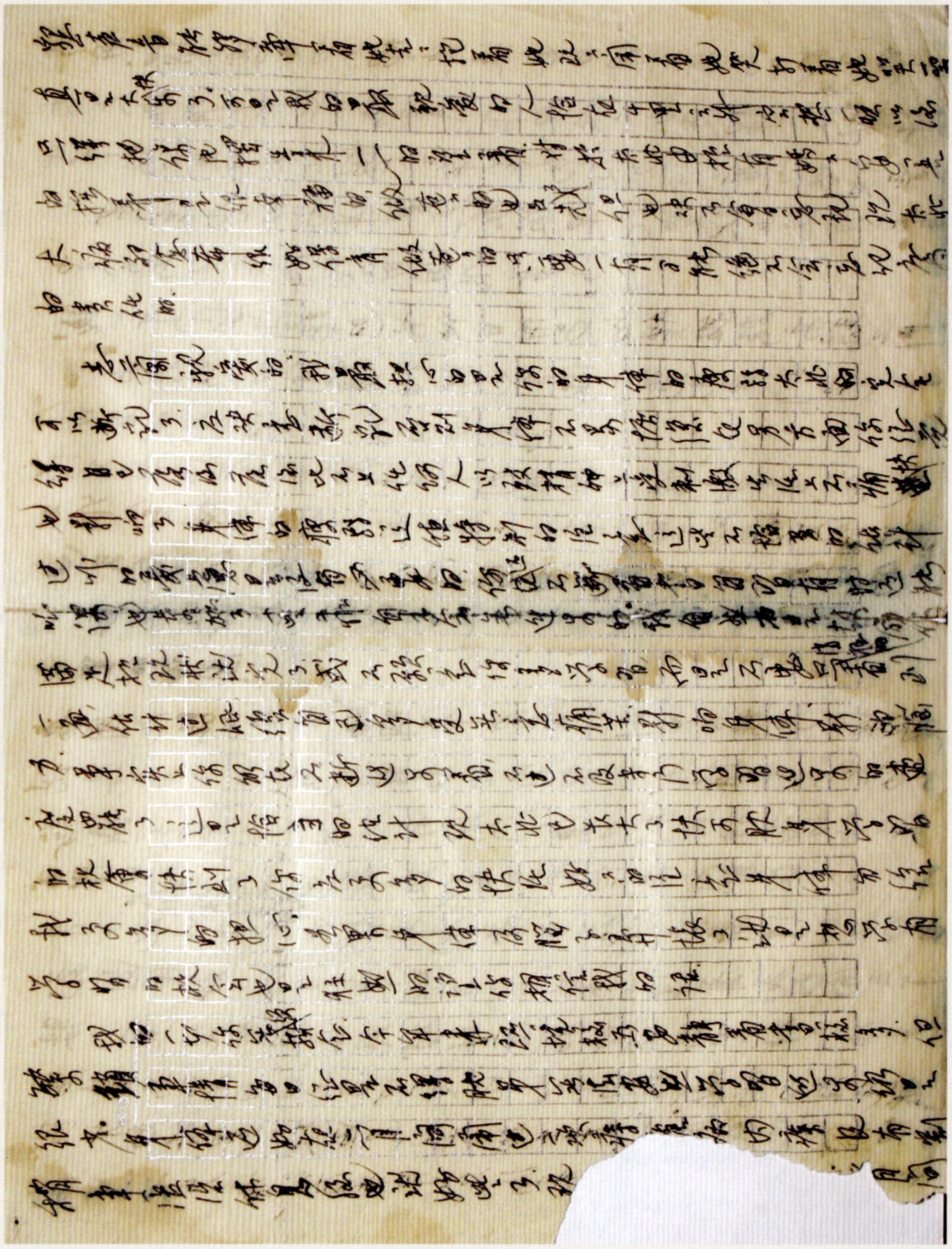

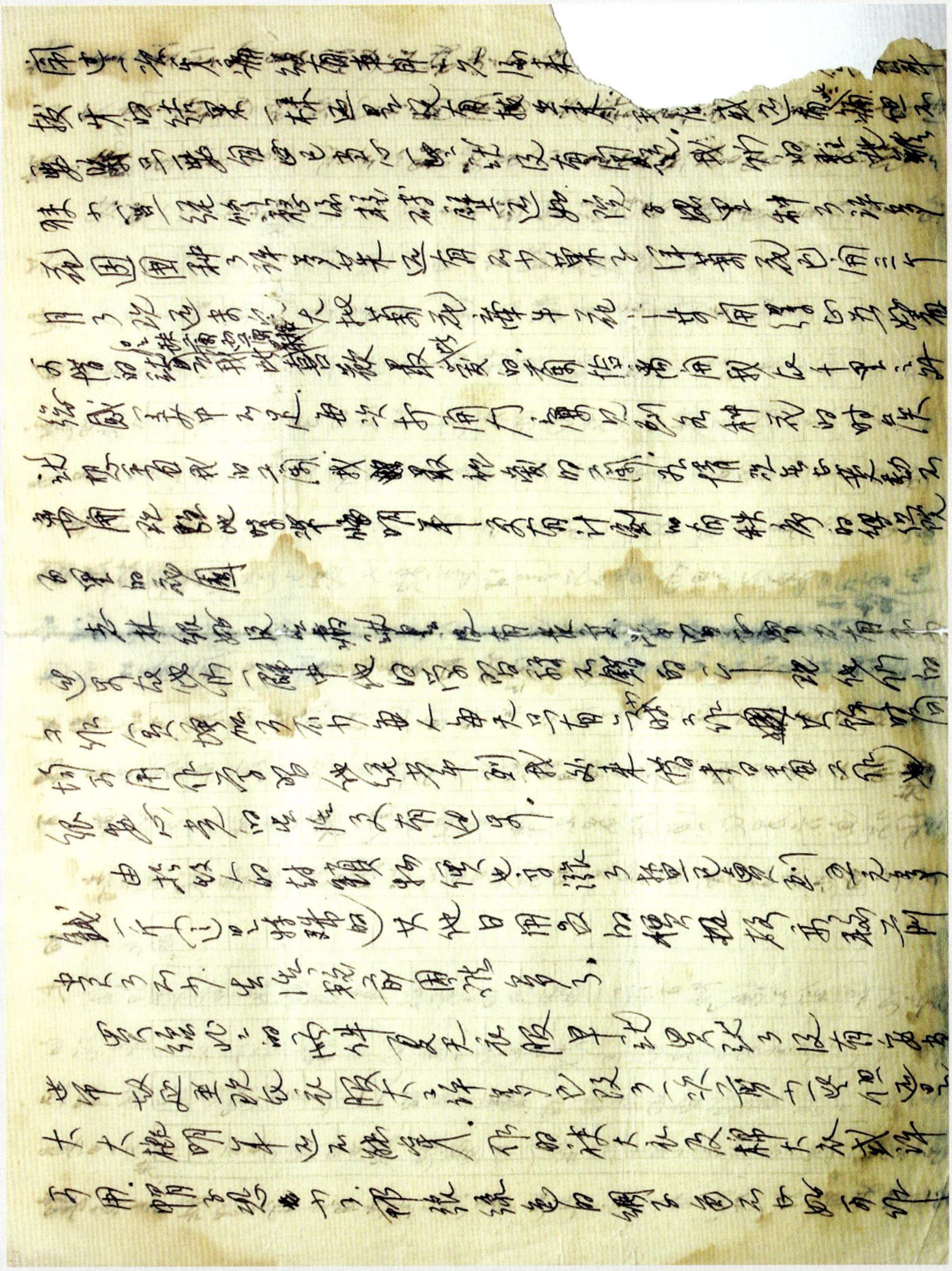

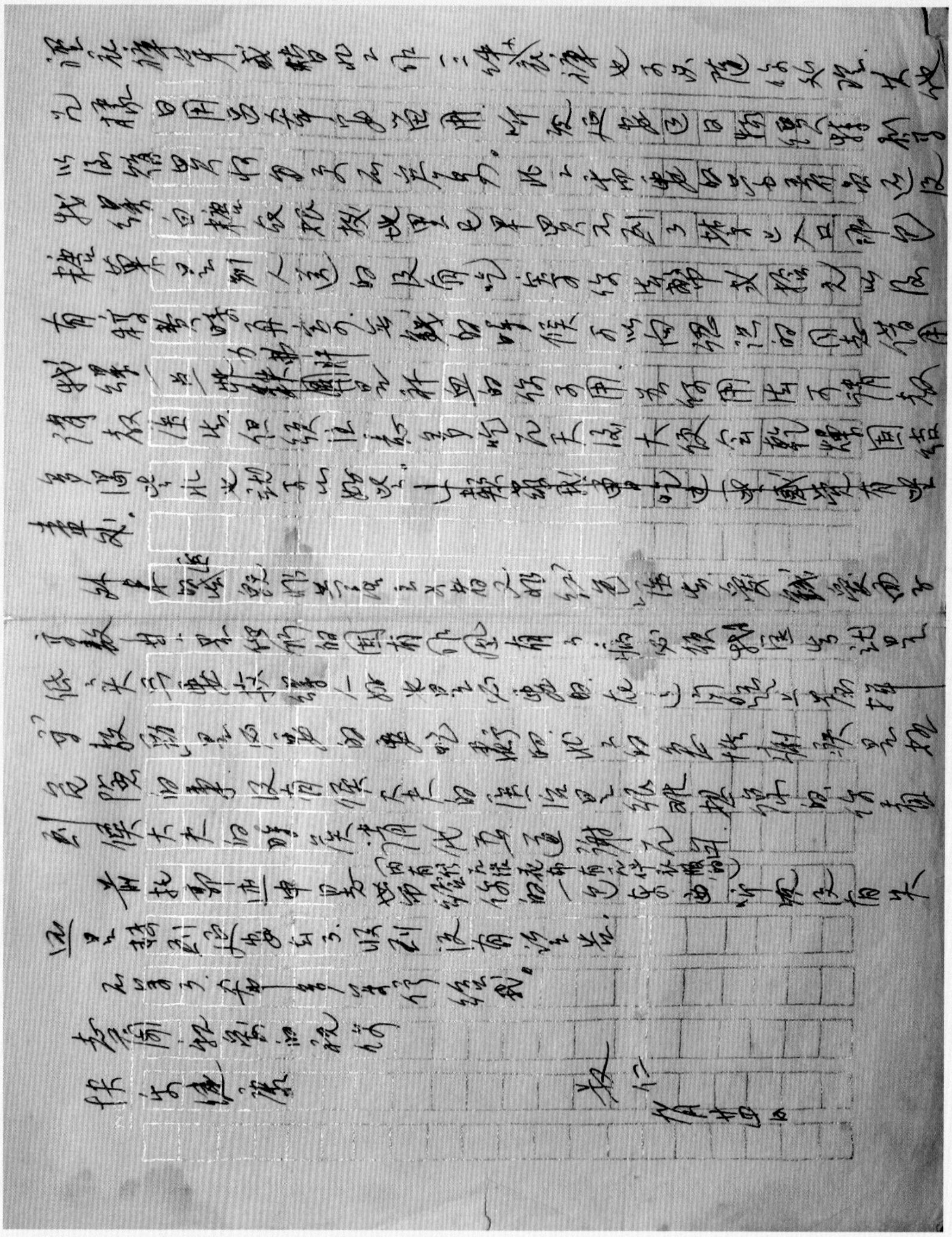

第四封信（1941年9月24日）

志兰：

六月里及八一两信均收到，去年十二月的信也于近日收到，不知怎弄的担搁了这多日子。

不久前有一批人去延，因不在家未写信给你，你可能在想着我忘了我最亲爱的人，其实大为不然。

你的生活你的心情我是完全了解的，“北北”牵累着你，使你的学习与工作受了不少的阻挠，身体瘦了许多，但我总觉得你的急躁性还应有些改进，这不是降低你的求智心进步欲，而应更多的适合具体环境。否则只是光着急，结果或则造成身体很坏或则走到另一极端，悲观失望，自暴自弃等等，这都是不好的，你以为对吗？希勿以我故说漂亮话见责。

你暂在保育院工作，给太北安放在恰当的场所，我没有什么不同意的。惟你的身体一天天的瘦弱，我较为担心。太北长大多了，已能走能吃东西，最好能很快的断乳，这于太北当不会有什么不好，于你的身体却非常必要，或者还可以提前入学，如何，希决断之。

一年多的分别，我的一切是优势于你的，对于你的不舒适的状态不只是时刻记得，总是觉得难过，唯一的希望就是你如何能较快的脱离现在生活状态，恢复身体，进到学校里去。我并非不爱太北，但恐妨碍你过多也。对于你的学习热情我决意不加阻挠，虽不一定三五年，分别时的诺言是可以遵守的，你可不必担心。华北战局的严重形势还未过去，敌人此次扫荡晋察冀边区特别利［厉］害，其兵力之大、时间之久、所施手段之毒远非昔比。荣臻同志①不仅日夜奔波，尤受累不少。现边区受敌重重封锁，腹地亦密布钉子，敌图化边区西侧为治安区，腹地为无人区，即以最凶恶的手段实行三光政策[2]，并村等等，以遂其彻底毁灭我边区之目的。边区现已陷入极严重的斗争环境，困难也大为增加了，虽军队无甚损失，但地方工作及一切建设受损不少，恢复过去局面还有待极大努力与严重斗争。冀中冀南鲁西等平原地钉子更多了，公路也密布着，囚笼[3]愈缩愈紧了，（即）其他山地根据地也遭敌人的蚕食不少，仅晋冀豫区幅圆［员］较大，今年来较为安静。但我们并不作任何乐观的估计，严重的扫荡与反扫荡战是不可免的，敌图改变我根据地性质的企图也不会放松的，一切均有待我们准备在极严重极艰苦的环境中去战胜敌人。因此我就联想到在严重的战局中，女同志们大着肚子抱着小孩实不堪其苦。去年三次反扫荡时，已给我深刻的印象，你未遭遇这一情况，总算是不幸中的一幸事。现在有不少的大肚子的女同志们就怕敌人的扫荡，男同志亦担心着。汪月华[4]（刘师长老婆）及陈叔廉均于去年三次反扫荡前后生孩子，听说都闹得很难受。小浦在半月前生了一个女孩子，他们两口子都很高兴，其中原因之一就是还没有遇到敌人的扫荡。由此我也就更多的同意你暂留延学习，待战局的严重局势过去后再来前方。这是我现在的理想，因为在战局严重情况下并不能很好工作，也不能学习，还免不了要闹大肚子，这不是我怕麻烦或讨厌小孩子，而确是为着你打算。你相信吗?

看到太北的像片(寄来的像片收到了)及你对太北的描写，那样活泼可爱的孩子，更增加了我的想念。时刻想着如果有你及太北和我在一块，能够听到太北叫爸爸妈妈的亲昵声音，能够牵着她走走，抱着她玩玩，闹着她笑，打着她哭一哭，真是太快乐了。可是我的最亲爱的人恰在千里之外，空想一顿以后，只得把像片摆出来一一的望着。对于太北，由于有妈妈妥善的抚养，是很幸福的，做爸爸的也占［沾］了光，但也决不会忘记。现太北大病初愈希望很好保育，做爸爸的只要一有可能，绝不会忘记应尽的责任的。

志兰亲爱的，我最担心的是你的身体的瘦弱，太北完全可以断乳了，应决意断乳，否则身体不易恢复。在另方面你总觉得自己落后落后，比不上任何人，以致精神上受刺激，生活上不痛快，也影响了身体的瘦弱，这值特别的注意。这些不恰当的估计，过分的忧虑是没有必要的。你还在不断看书自习，有时还能听课，也参加了一些工作，自然会有进步的。我自然不是鼓励你满足于现状就完了，或不愿意你多学习，而是不要只消极的看到一面，估计过低，给自己多受无意痛苦，影响身体、影响脑力。事实上你仍在不断进步着，不过不及专门学习进步的速度罢了，这是恰当的估计。现太北已长大了，快可脱身，学习的机会快到了，你应更多的快活，好好的注意身体，勿给我更多的担心。如果身体及脑子弄坏了，就是想学、有学习的机会也是枉然的，望你相信我的话。

我的一切你无须挂念。今年来环境较为安静，看书较多，但繁琐事情每日总是不得脱身，无法安然学习，进步仍是很少。身体还好，在六月间闹过一次痔疮病，内痔没有割，稍事医治休息后也就好些了。现□□□□□月间闹过一次牙痛，约有半月之久。后来□□□□年拔牙的结果，一样还是没有拔出来。我间或还有些痛，但不要紧，只要自己当心一些就没有问题。我们的驻地虽狭小一点，经修整后较砖壁还好，院子里种了许多花，周围种了许多菜，还有不少果子，洋菊花已开了三个月了，现还未完，大批菊花、牵牛花等，开得甚为好看。可惜的就是缺兰，而兰花是我所最喜欢最所爱的，兰恰离开我在千里之外，总感美中不足。每次打开门帘，见到各种花的时候，就想着我的兰，我最亲爱的兰。如情况无甚变动，不离开现驻地时，准备明年更有计划的有秩序的组织院子里的花园。

志林很好没生病，就是没有长高，学习甚努力，有不少进步。在他们一群中，他的学习算不错的一个，现他们的工作人员增加了不少，每人每天只有六小时工作，其余时间均可用作学习。他经常到我处来借书看，工作也很安心，党的生活更有进步。

由于敌人的封锁，物价也高涨了，盐已卖到五元多钱一斤(这是特殊的)，其他日用品的价格亦较前贵了不少，生活较前困难多了。

买给北北的两件夏天衣服早就买就了，没有妥当［人］带故，延至现在。衣服大了许多已改了一次，剪小一些，但还是大，大概明年还不能穿。作的夹大衣及棉大衣或许可用。帽子恐小了。那张绿色的绸子色不甚好，可作里衣裤穿或替北北做一二件小衣裤也可以，随你处理。其他几样日用品希妥留用。听说延安近日物价特别高，以后购买将更不容易。北北需要的营养品还没找得，白糖在根据地里已早买不到了，禁止入口，那包糖果是别人送的，没有吃。寄你法币贰拾元，以后有稿费时再寄。无钱的时候可以向认识的同志借用。我得一点力弗肝，是补血的，你可用，如何用法可请教请教医生，但须注意多吃几天后大便会干燥固结，多喝些水也就可以好些。这类药我曾吃过一些，感觉有些益处。

外来的医生既非共产主义者又非“红色”医生，爱钱爱面子高傲等等是他们的固有作风。有了病必须找医生，就是低低头，只要救得人好，也是必要的。在这问题上，发挥“高傲劲”是［不］必要的，要吃亏的。北北的急性痢疾是极危险的事，没有侯大夫的医治是很难想像［象］的。你看到侯大夫的时候，请代为道谢几句。

前托郭述申同志带给你的一包东西(内有信、几张花布，有几件衣服的)，听说没有失，还是转到延安去了，收到没有，望告。

不写了，希多写信给我。

志兰，亲爱的，祝你

快乐健康！

叔仁

九月廿四日

注　释

①即聂荣臻(1899—1992)，四川江津人。当时任八路军晋察冀军区司令员兼政治委员。

②指日本帝国主义对中国解放区极其野蛮地实施烧光、杀光、抢光的政策。

③是日本侵略军妄图消灭敌后抗日武装和摧毁抗日根据地的一种残酷政策。它以铁路为柱，公路为链，碉堡为锁，辅以封锁沟、墙，对抗日根据地军民实行网状压缩包围。

④即汪荣华，1917年生，女，安徽六安人。当时任八路军一二九师随营学校政治教员、政治指导员。

第五封信

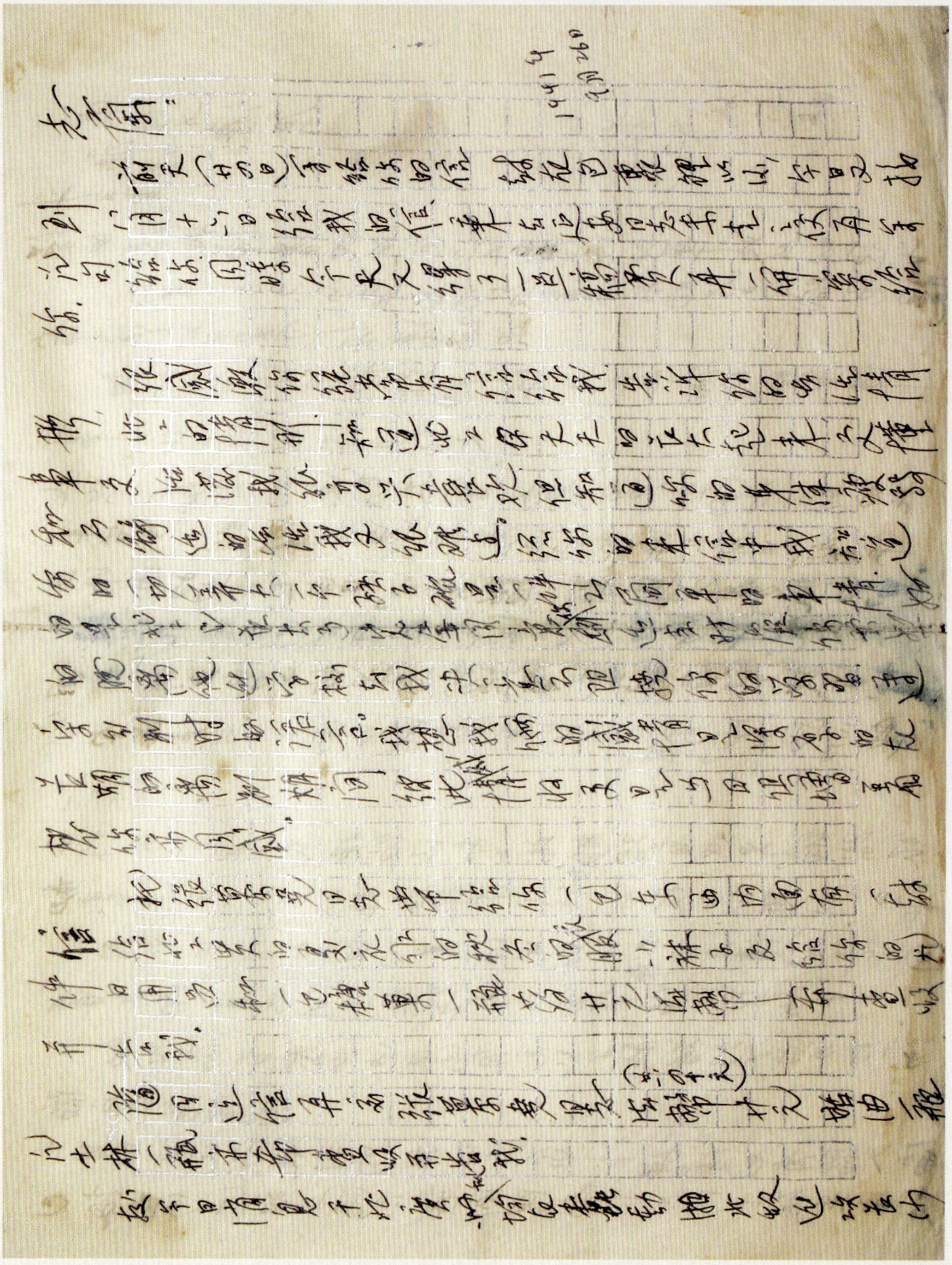

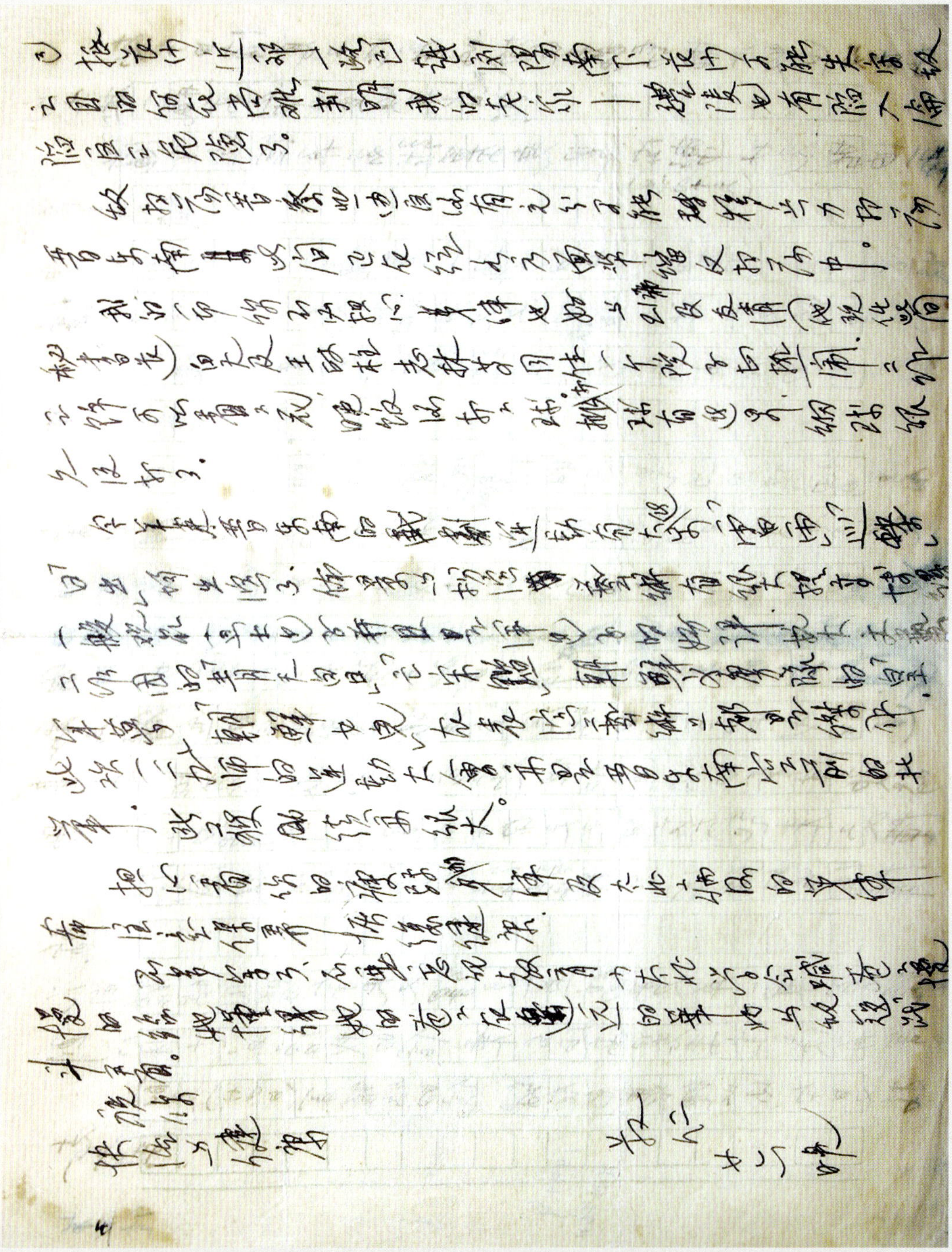

第五封信（1941年9月26日）

志兰：

前天（廿四日）写给你的信，封在包裹里以后，今日又接到八月十六日给我的信，乘去延安同志未走之便，再写几句给你，同时今天又得了一点稿费，再一并寄给你。

很感激你经常有信给我，告诉你的生活情形、北北的情形。知道北北天天的长大起来，更懂事更活泼，我很高兴喜欢。但知道你的身体瘦弱和不舒适的生活，我又很难过。经你的来信中我知道你的一切。养大一个孩子确是一件不简单的事情。好的是北北已长大了，完全同意你到适当时候你当然的脱离他，进学校去。我决意不阻挠你的学习，遵守分别时的诺言。我想我俩的感情是深厚的，在长期的离别期间，彼此感情将更是与日俱增着，想你亦同感。

托张慕尧同志带给你一包东西，内面有一封信，给北北买的夏衣，作的秋冬的衣服、小袜子及给你的几件日用品和一包糖果、一瓶药、廿元法币，希查收并告我。

随同这信再交张慕尧同志法币廿元（共四十元），甜油一瓶，凡士林一瓶，亦希查收并告我。

据今日消息干［赣］北广州敌均在蠢动，湘北敌进攻长沙已抵长沙近郊，一路已越浏阳南下，长沙可能失守。敌之目的何在尚难判明。我的老家——醴陵也有陷入沦陷区之危险了。

敌扫荡晋察冀边区后有充分可能转移兵力扫荡晋东南，此间正在从各方面准备反扫荡中。

我的一切你不必担心，身体也好。与21号及友清[①]（他现任此间秘书长）白天及王政柱、志林等同住一个院子甚热闹。工作之余可以看看花，晚饭后打打球，打排球有进步，网球很久没打了。

今年来晋东南的戏剧运动有大进步，《雷雨》、《巡警》、《日出》均出演了。布景与扮演艺术有很大提高，博得一般观众，不只土包子并且是洋包子的好评。抗大文艺工作团的《青天白日》、《亡宋鉴》，朝鲜义勇队的《皇军梦》、《朝鲜女儿》，在表演艺术上都是杰作。此次一二九师的运动大会亦是晋东南空前的壮举，所获成绩亦很大。

担心着你的瘦弱的身体及太北病后的身体，希注意保养，恢复健康。

不多写了，不要忘记教育小太北学会喊爸爸，慢慢的给她懂得她的爸爸在遥远的华北与敌寇战斗着。

祝你

快活与健康。

叔仁

廿六晚

注　释

---

①即张友清(1904—1942)，陕西神木人。当时任中共中央北方局统战部部长。1942年春任北方局秘书长兼八路军前方总指挥部秘书长。同年5月在反“扫荡”中被俘，7月7日牺牲于太原集中营。

第六封信

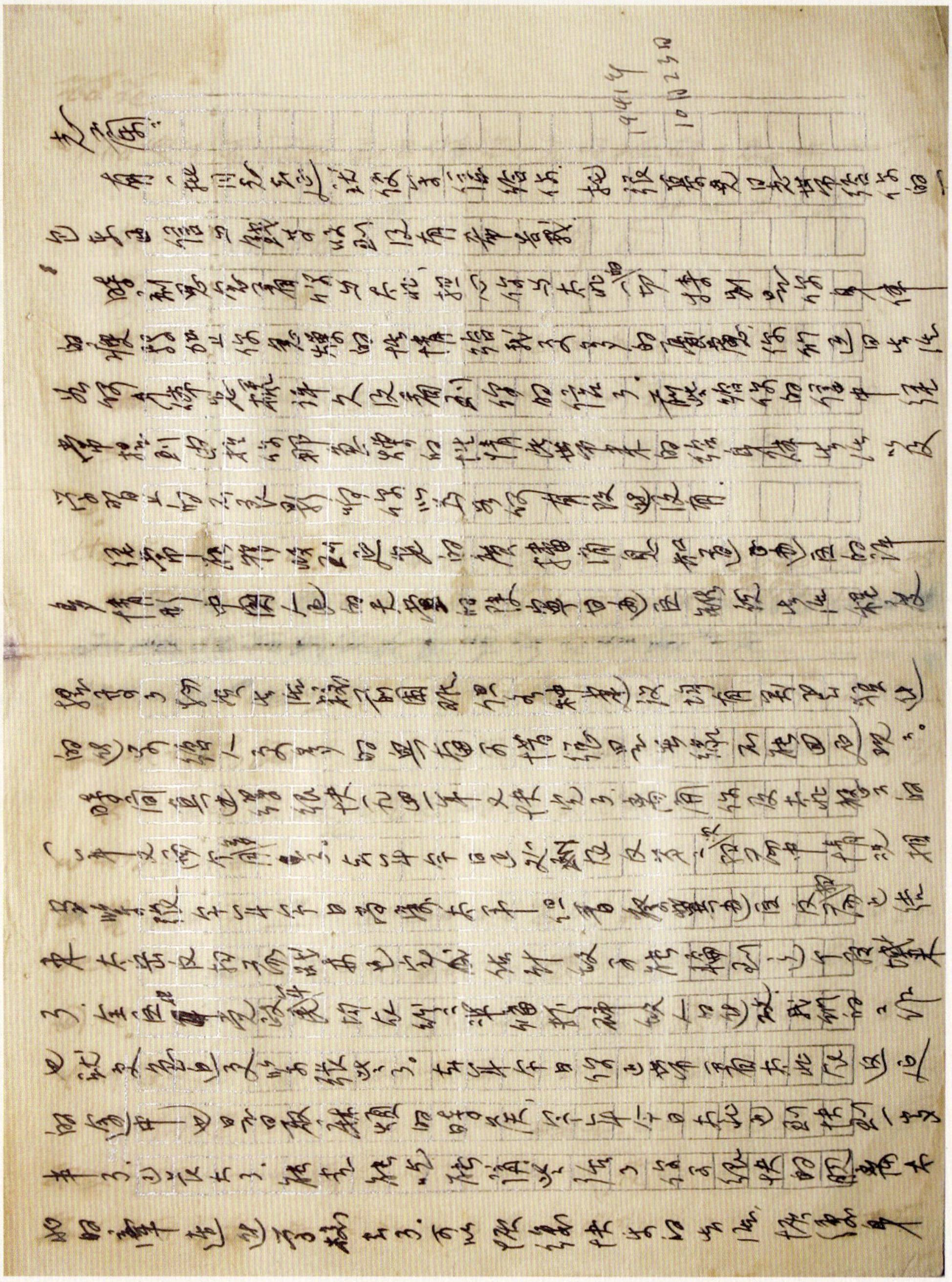

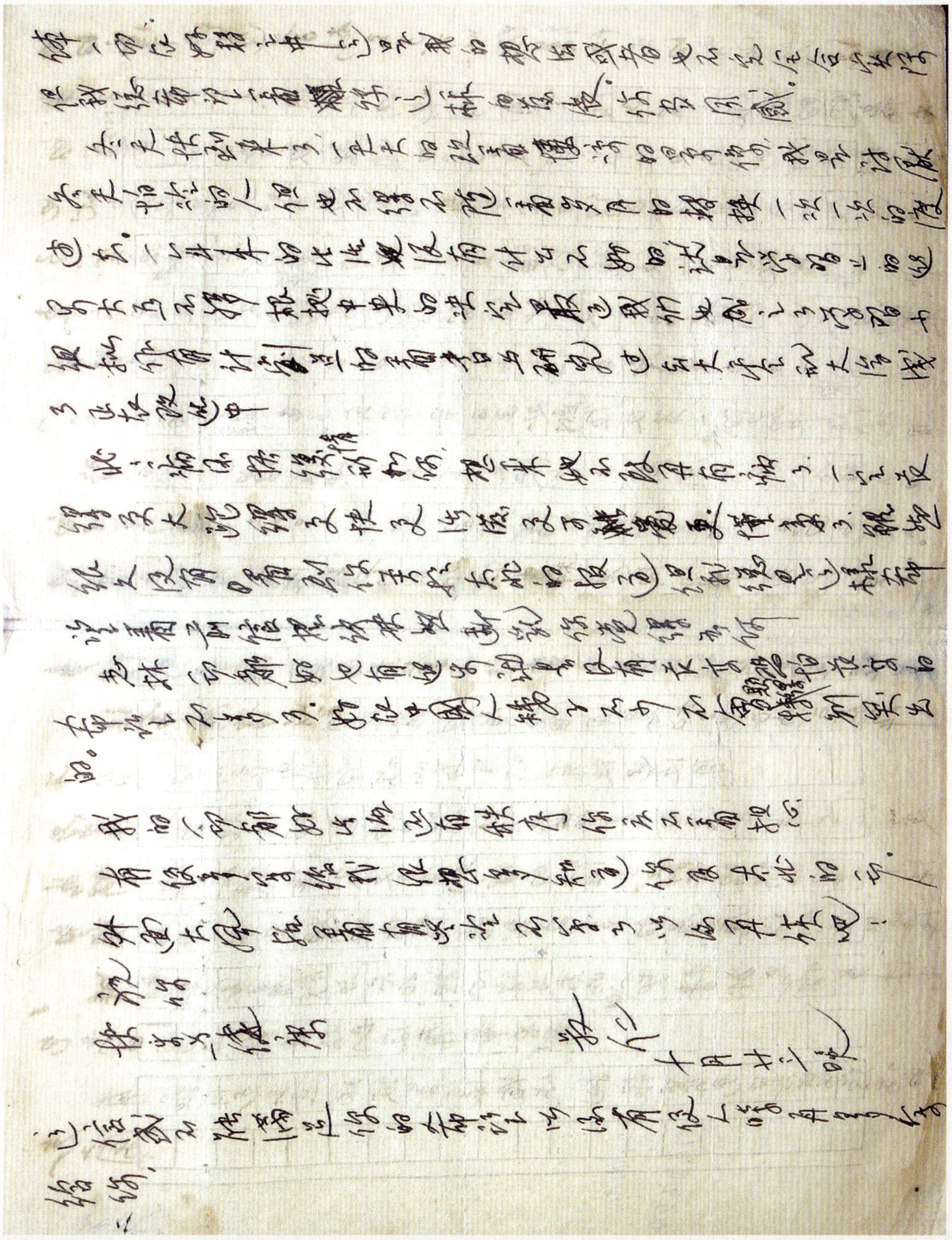

第六封信（1941年10月23日）

志兰：

有一批同志去延就便写信给你。托张慕尧同志带给你的一包东西、信与钱等收到没有，希告我。

时刻思念着你与太北，担心你与太北的一切，特别是你身体的瘦弱加上你急燥［躁］的性情，给我更多的忧虑。你们近日生活如何？身体怎样？许久没看到你的信了。前些给你的信中经常提到，由于你那急燥［躁］的性情所带来的给身体生活以及学习上的不良影响，你以为如何？有改进没有？

经常能够收到延安的广播消息，知道边区的许多情形。中国人民的天堂的陕宁甘边区，虽说生活程度提高了，物质生活较前困难，但各种建设均有突飞猛进的进步，给人更多的兴奋。可惜总是无缘，不能回延观观。

时间真过得很快，一九四一年又快完了。离开你及太北整整的一年又两个多月了。去年今日正处在反第二次扫荡中，情况相当紧张，今年今日尚属太平。但晋察冀边区反扫荡已结束，太岳反扫荡战亦已完成，估计敌可能轮到这个区域来了。全区党政军民均在纷纷准备粉碎敌人的进攻，我们的工作也就更急迫更紧张些了。去年今日你正带着太北在返延的途中，也是最麻烦的时候。今年今日太北已经快到一岁半了，已长大了，能走能吃能讲些话了。你可很快的脱离太北的牵连进学校去了，可以恢复快乐的生活，恢复身体，一切在好转之中。这是我的想法，或者也不完全合实际，但我总希望着你这样的发展。你当同感。

冬天快到来了，一天天的现着凄凉的景像［象］，我是讨厌冬天怕冷的人，但也不得不随着岁月的转换一次一次的渡过去。一年来的生活也没有什么不好的，就是学习上的进步大为不够。根据中央的决定最近我们也成立了学习小组，拟作有计划点的看书与研究。过去太零乱太浮浅了，正在改进中。

北北病后恢复情形如何，想来她不致再有病了。一定长得更大、跑得更快、更活泼更可爱更懂事了。虽然很久没有看到你关于太北的报道，但我总是这样希望着，前信提议决然断乳，你觉得如何？

志林一切都好，也有进步，就是没有长高，恐怕长高的希望不多了。好在中国人矮子不少，不会显得特别突出的。

我的一切都好，生活还有秩序，你应［用］不着担心。

有便多写［信］给我，很想多知道你及太北的一切。

外面大风刮着有些冷，不写了，以后再谈吧！

祝你

快乐与健康

叔仁
十月廿三晚

这信或不能满足你的希望，以后有便人时再多写给你。

第七封信

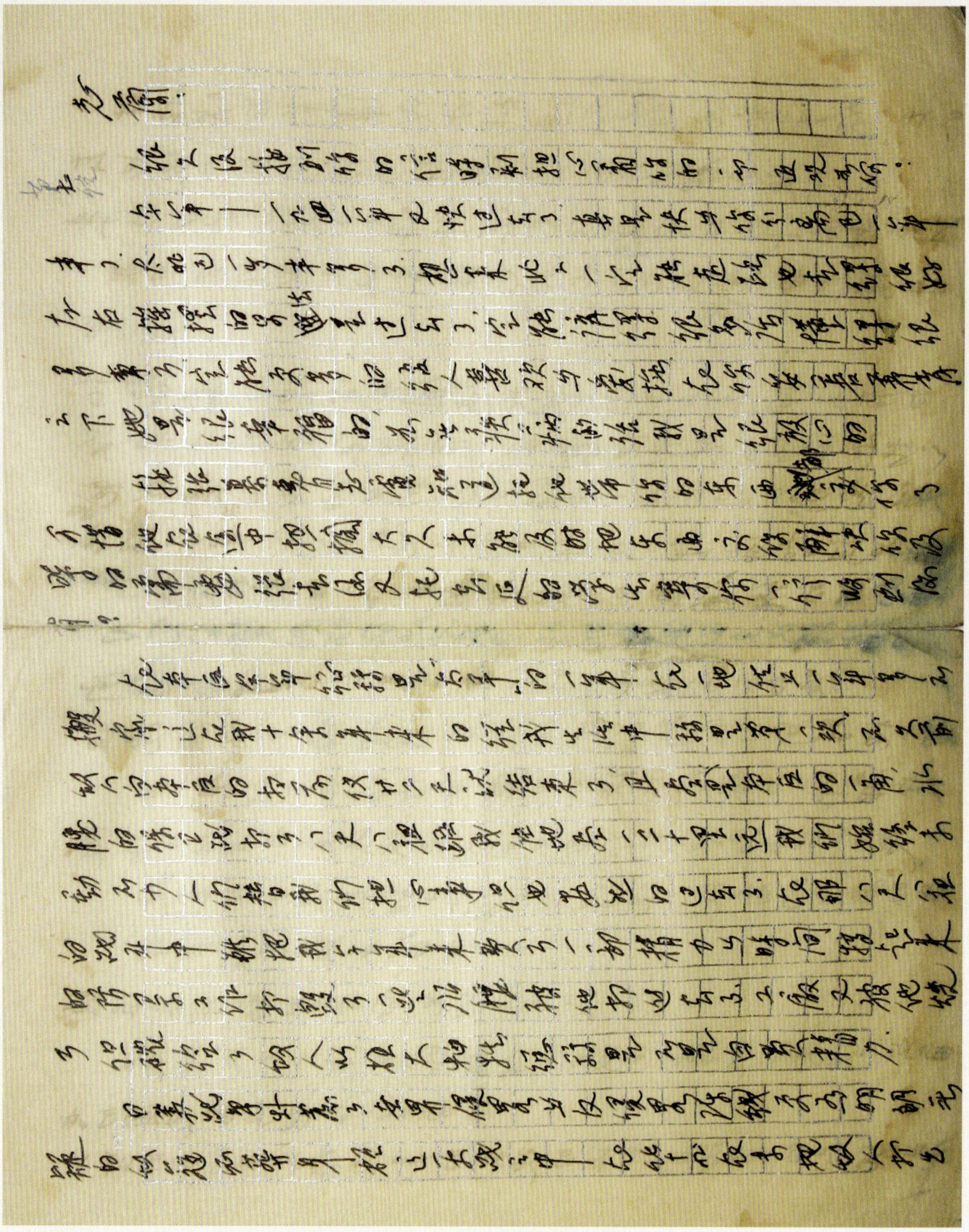

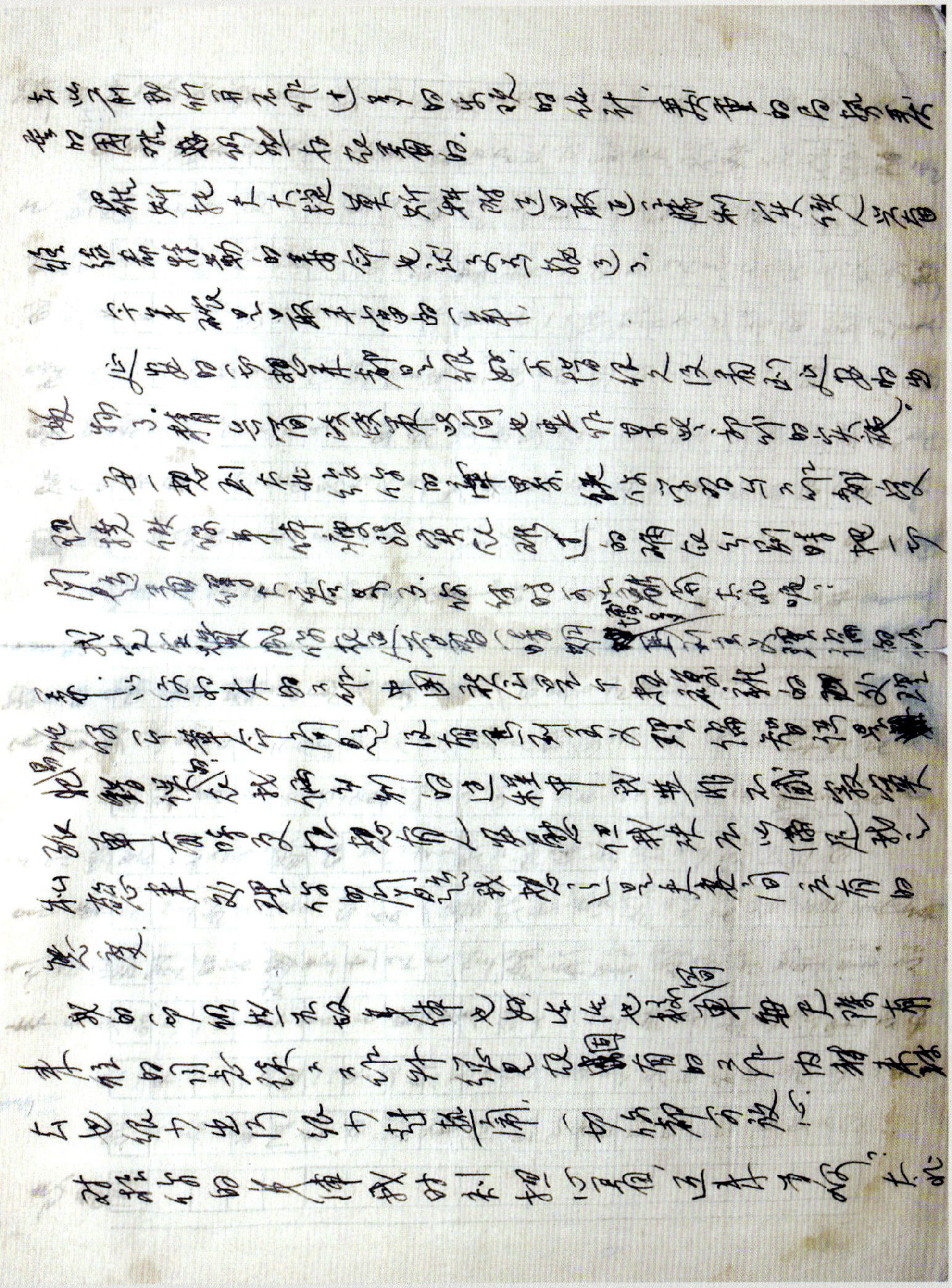

去以前我们再不作过多的乐观的估计，严重的局势基
本的困难仍然存在着的。
罗斯福丘大提莫斯科会谈最近之胜利实使人兴奋
能结束战争的斗争也就不远了。
今年确是最丰富的一年，
近来的工作想来都是很好，可惜很久没有收到你近来的生
活材料了。精兵简政以来的问题也要作某些部分的实施。
每一想到太北给你的繁累，使你学习与工作都受
阻挠，使你年来体魄变化，那过的确在分别时把一切
问题看得太容易了。你什么时候可以离开太北呢？
我完全赞成你在近学习[illegible]增长马列主义理论的修
养，以你的本身工作，中国社会是个极复杂的[illegible]处理
他的革命问题没有马列主义的理论智识是[illegible]
易犯错误的。在我俩分别的过程中我无时不感寂寞
孤单，有时又极想有人安慰，但我决不以满足我之
私愁来处理你的问题，我想这是夫妻间应有的
态度。
我的一切仍然如故，身体也好，此外也较简单细心，有
来往的同志谈谈工作，经过国有的工作内部来往
去也很少出门，很少讨论问题，一切你都可放心。
对于你的身体我时刻担心着，近来身体好吗？太北

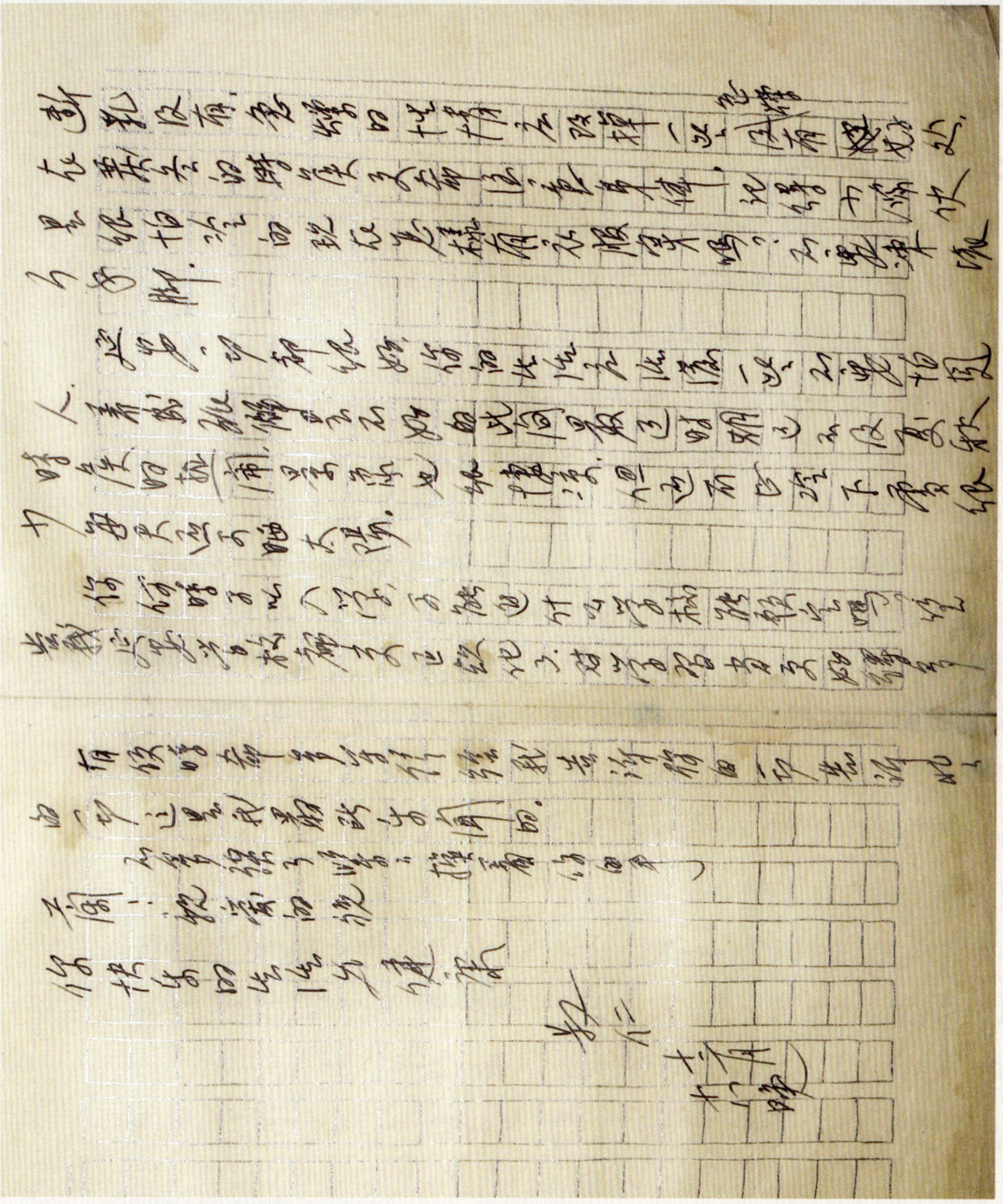

第七封信（1941年12月18日）

志兰：

很久没接到你的信，时刻担心着你的一切，近况如何？

今年——一九四一年又快过去了，真是快。与你分离已一年半了，太北已一岁半多了。想来北北一定能走路也走得很好，左右摇摆的步法是过去了，定能讲得很多话，懂得很多事了，定能更多的给人喜欢与爱抚。在你妥善养育之下，她是很幸福的，如无疾病的话，我是很放心的。

接张慕尧同志电知道托他带你的东西都交你了。可惜他在途中担搁太久，未能及时把东西交你解决你及时的需要。张走后又托去延的学生寄你一信，收到没有？

在本区今年总算是“太平”的一年，在一地住上一年多不搬家，这在我十余年来的从戎生活中算是第一次。不久前敌人向本区的扫荡仅廿二天就结束了，且尽［仅］是本区的一角，水腰的保卫战[①]打了八天八夜，距我住地尽［仅］一二十里远，我们始终未动。不少人们替我们担心事，但也安然的过去了。在那八天八夜的战斗中，虽把我今年来费了一部精力与时间搞起来的防御工作打毁了一些，水腰被他打进去了，工厂又被他烧了，但确给了敌人以极大牺牲，总算是不是白费精力。

日美战争[②]爆发了，世界侵略与反侵略阵线更为明朗无疑的。敌寇必葬身于这一大战之中。在华北在未把敌人打出去以前，我们并不作过多的乐观的估计，严重的局势、严重的困难仍然存在着的。

罗斯托夫大捷[3]，莫斯科附近最近之胜利，实使人兴奋，终结希特勒的寿命也就更为接近了。

今年确是最丰富的一年。

延安的一切想来都是很好，可惜很久没看到延安的出版物了。精兵简政政策此间也要作某些部分的实施。

每一想到太北给你的牵累，使你学习与工作都受阻挠，使你身体瘦弱，实在难过。的确在分别时把一切问题看得太容易了。你何时可以离开太北呢？

我完全赞成你在延学习一时期，增多马列主义理论的修养，以便将来的工作。中国社会是个极复杂的，处理任何一个革命问题，没有马列主义理论智识是易犯错误的。在我俩分别的过程中，我并非不感寂寞、孤单，有时更极想有人安慰，但我决不以满足我之私欲来处理你的问题，我想这是夫妻间应有的态度。

我的一切仍然如故，身体也好，生活也较简单，每天除有来往的同志谈谈工作外，总是在固有的工作内转来转去，也很少出门，很少赶热闹，一切你都可放心。

对于你的身体，我时刻担心着，近来如何？太北断乳没有？急躁的性情应改掉一些，急躁没有好处。在严冬的时候更希注意身体，记得小家伙是很怕冷的，现在怎样，有衣服穿吗？不要冻坏了手脚。

延安一切都很好，你的生活应活泼一些，不要怕见人，养成孤僻是不好的。此间最近时期已不及夏秋时候的热闹，景象也很凄凉，但还不甚冷，下雪很少，每天还可晒太阳。

你何时可以入学，可能进什么学校，能预定吗？望告我。延安学校都更正规化了，对学习当更好得多。

有便时希多写信给我，告诉你的一切，告诉北北的一切，这是我最所乐闻的。

不多谈了，紧紧握着你的手。

兰，亲爱的，祝你快乐的生活与健康。

叔仁

十二月十八晚

注　释

①指黄崖洞保卫战。1941年11月9日，日本侵略军4000余人进犯山西黎城以北黄崖洞、水腰地区，企图摧毁八路军兵工厂。八路军总部特务团凭借山险和工厂防御工事，连续打退敌数十次冲击，浴血奋战八昼夜，歼敌800余人，在一二九师部队配合下，取得胜利。

②指1941年12月7日晨，日本未经宣战，突然袭击美国在太平洋地区的主要海、空军基地珍珠港。12月8日，美对日宣战。

③指苏德战争中，双方在罗斯托夫以北地区进行攻防战役。从1941年11月5日开始至12月2日结束，苏军取得胜利。此役，苏军稳定了苏德战场南翼的局势。

第八封信

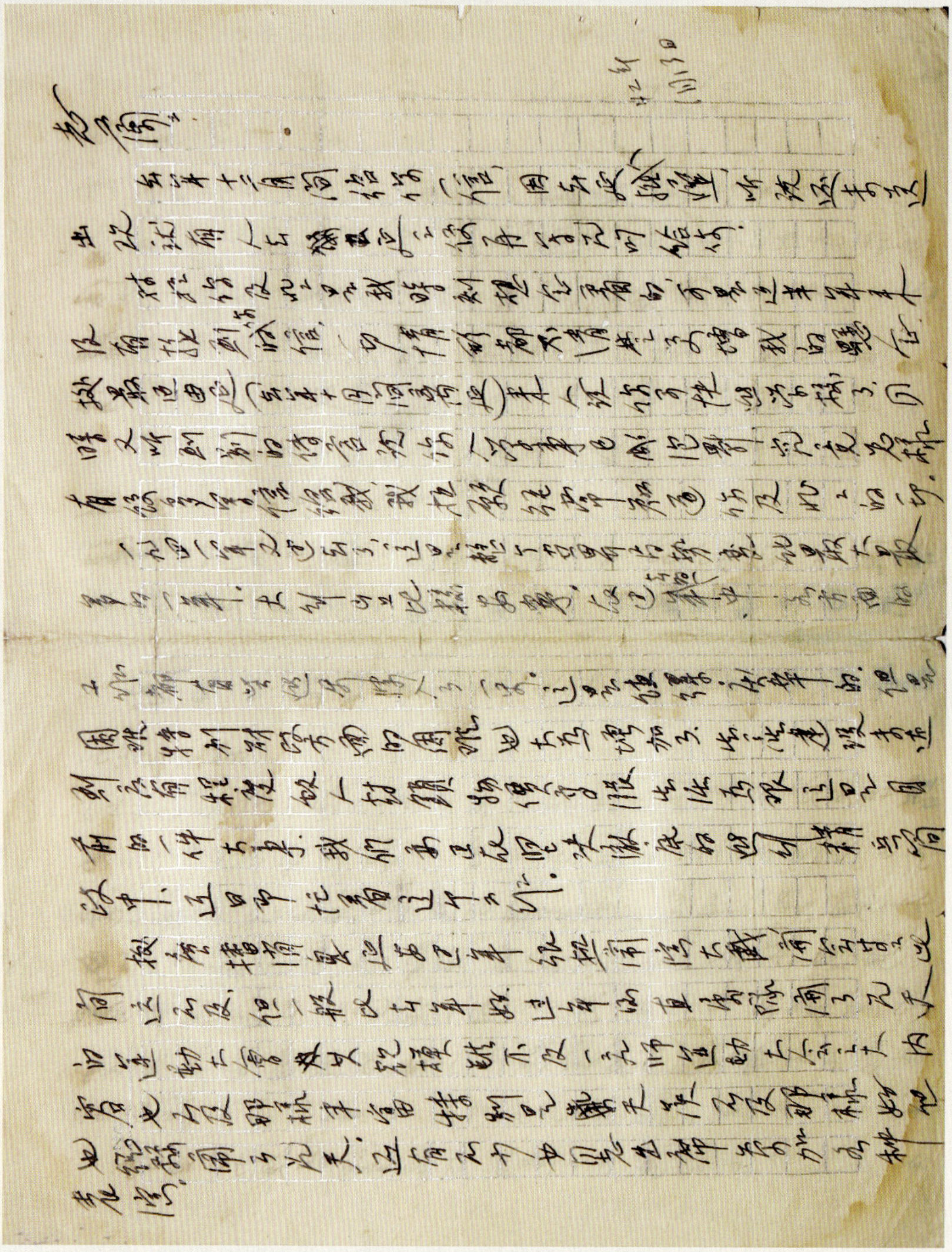

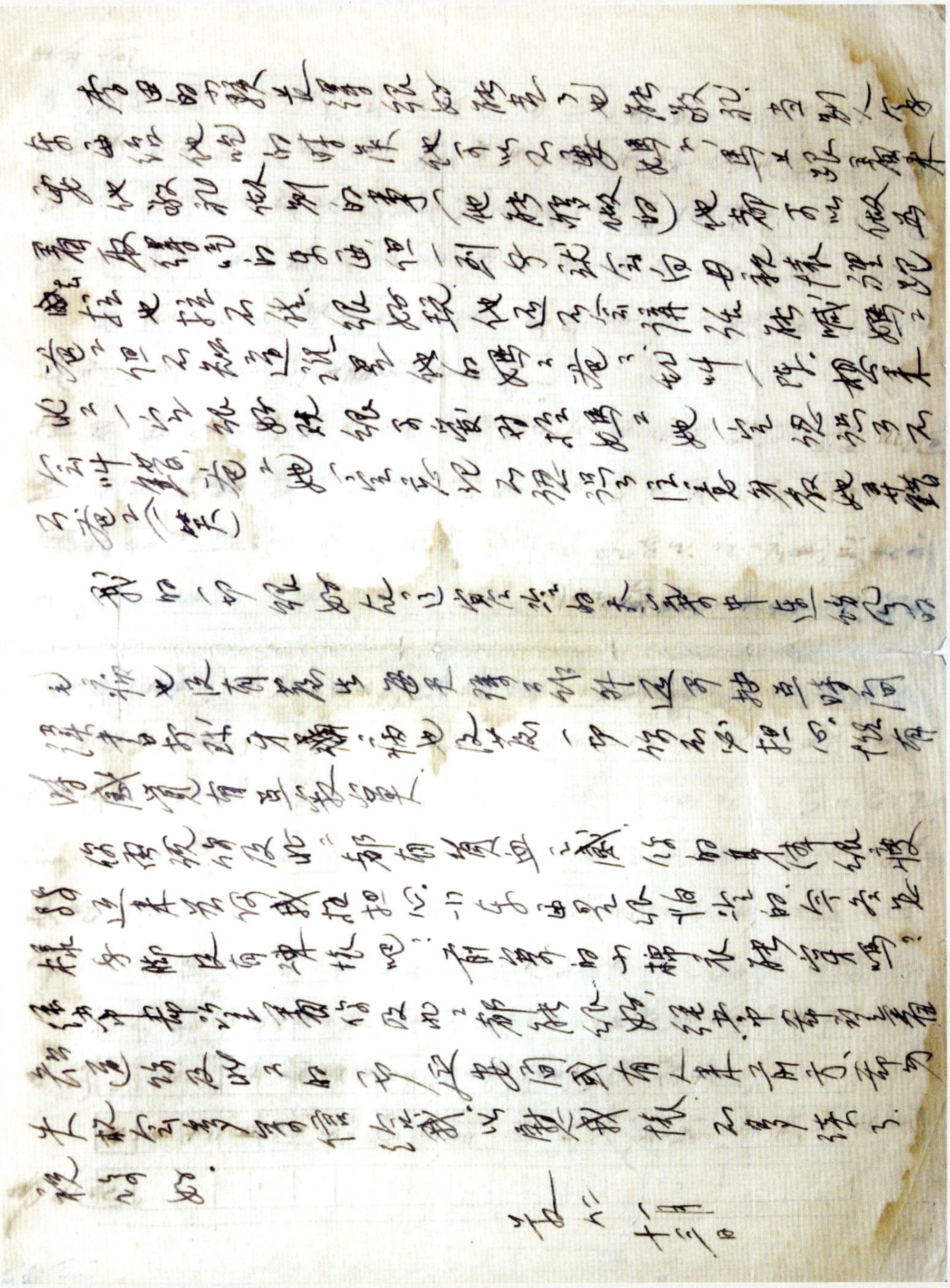
李田的小孩长得很好,能走了,也能敬礼,当别人拿东西给他吃的时候他可以不要妈々,马上跟着来,要他敬礼,做别的事(他能懂得做的)他都可以做,出去看到得吃的东西,但一到了就会向田叔怀里跑,出去拉也拉不住,很好玩。他还不会讲话,能喊妈々爸々,但不知道说々是他的妈々爸々,乱叫一阵,想来他々一定很好玩,很可爱,对于妈々她一定总是不会叫错,爸々她一定会记不得,得注意多教她,免错了爸々(笑)。

我的一切很好,在々这寒冷的天气中度过,你的毛病也没有发生,要天天锻炼,到外边可抽出时间读书,身体不错,病也没发,一切你不必担心。但有时感觉有点寂寞。

你来说你及他々都有贫血之感,你的身体很疲弱,近来是否我很担心,小东西是很怕冷的,今冬能棉衣脚没有冻坏吧?前寄的小棉衣能穿吗?经常都记着你及他々,都能很好,经常都记着的这你及他々的一切,如要问或有人来前方,都多大概会多写信给我,以慰我怀,不多谈了。

祝你好。

英仁

一月十三日

第八封信（1942年1月13日）

志兰：

去年十二月间给你一信，因去延人推迟，听说还未送出，现就有人去延之便再写几句给你。

对于你及北北是我时刻想念着的，可是近半年来没有接到你的信，一切情形都不清楚，更增我的悬念。据最近由延（去年十月间离延）来人说你可快进学校了，同时又听到别的传言，说你入学事已成泡影，究竟怎样？有便多写信给我，我极愿经常知道你及北北的一切。

一九四一年又过去了，这是整个世界局势变化最大最多的一年。太行山上比较安宁，在过去的一年中，各方面的工作都有些进步，深入了一步。这是值得庆幸的。但是困难特别财政方面的困难也大为增加了。生产建设未达到应有程度，敌人封锁，物价高涨，生活为[维]艰，这是目前的一件大事，我们亦正在坚决彻底的进行精兵简政中，近日即忙着这个工作。

据广播消息，延安过年很热闹，演大戏、开会等等，此间远不及，但一般比去年好。过年后直属队开了几天的运动大会，其规模虽不及一二九师运动大会之大，内容也不及那样丰富，特别是天气不及那样好，但也总算闹了几天。还有不少女同志出席参加各种表演。

李田的小孩长得很好，能走了也能敬礼，当别人拿东西给他吃的时候，他可以不要妈妈，马上跟着来，要他敬礼做别的事（他能够做的），他都可以做，为着取得吃的东西，但一到手就会向母亲怀里跑去，拉也拉不住，很好玩。他还不会讲话，能喊妈妈、爸爸，但不知道谁是他妈妈、爸爸，乱叫一阵。想来北北一定很好玩，很可爱，对于妈妈她一定认识了，不会叫错，爸爸她一定忘记不认识了，注意勿教她弄错了爸爸（一笑）。

我的一切很好，在这寒冷的天气中连伤风的毛病也没有发生，每天除工作外还可抽点时间读书打球，牙病也没发，一切你不必担心，惟有时感觉有点寂寞。

你曾说你及北北都有贫血之感，你身体很瘦弱，近来如何，我极担心。小东西还是很怕冷的。今冬怎样？手脚没有冻坏吧？前寄的小棉衣能穿吗？经常希望着你及北北都能很好，经常希望着知道你及北北的一切。延安间或有人来前方，希勿失机会多写信给我，以慰我怀。

不多谈了。祝你好。

叔仁

一月十三日

第九封信

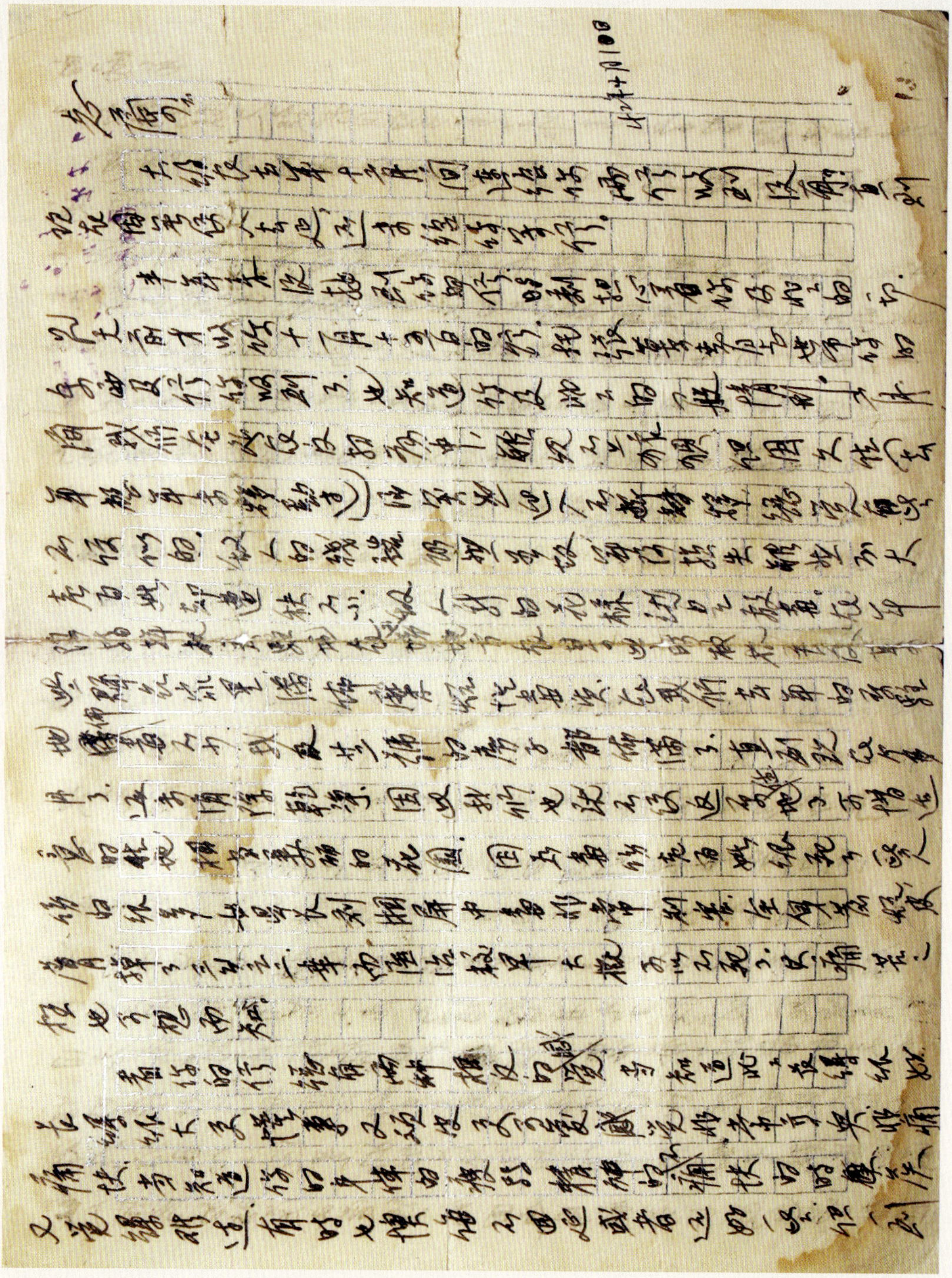

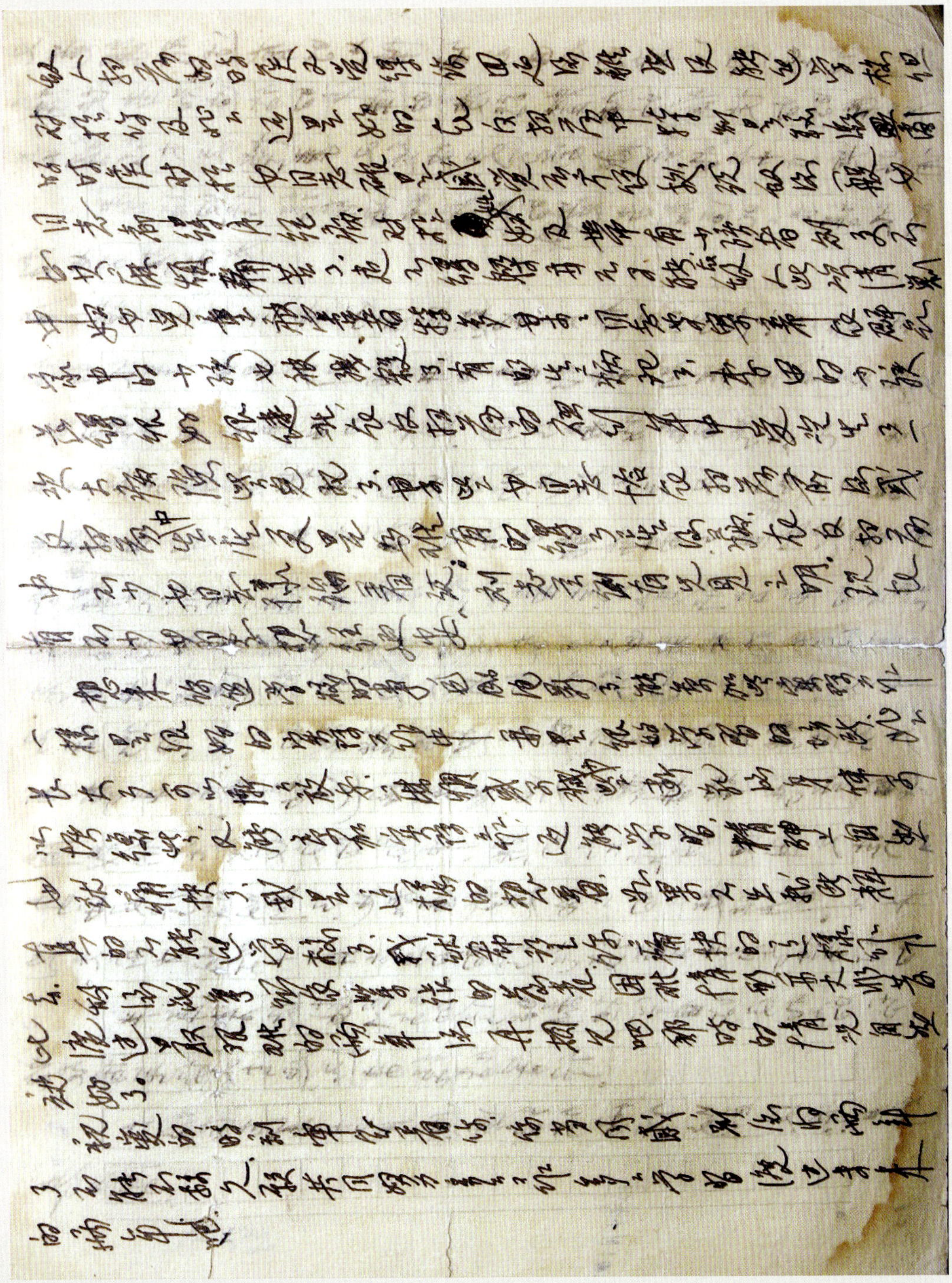

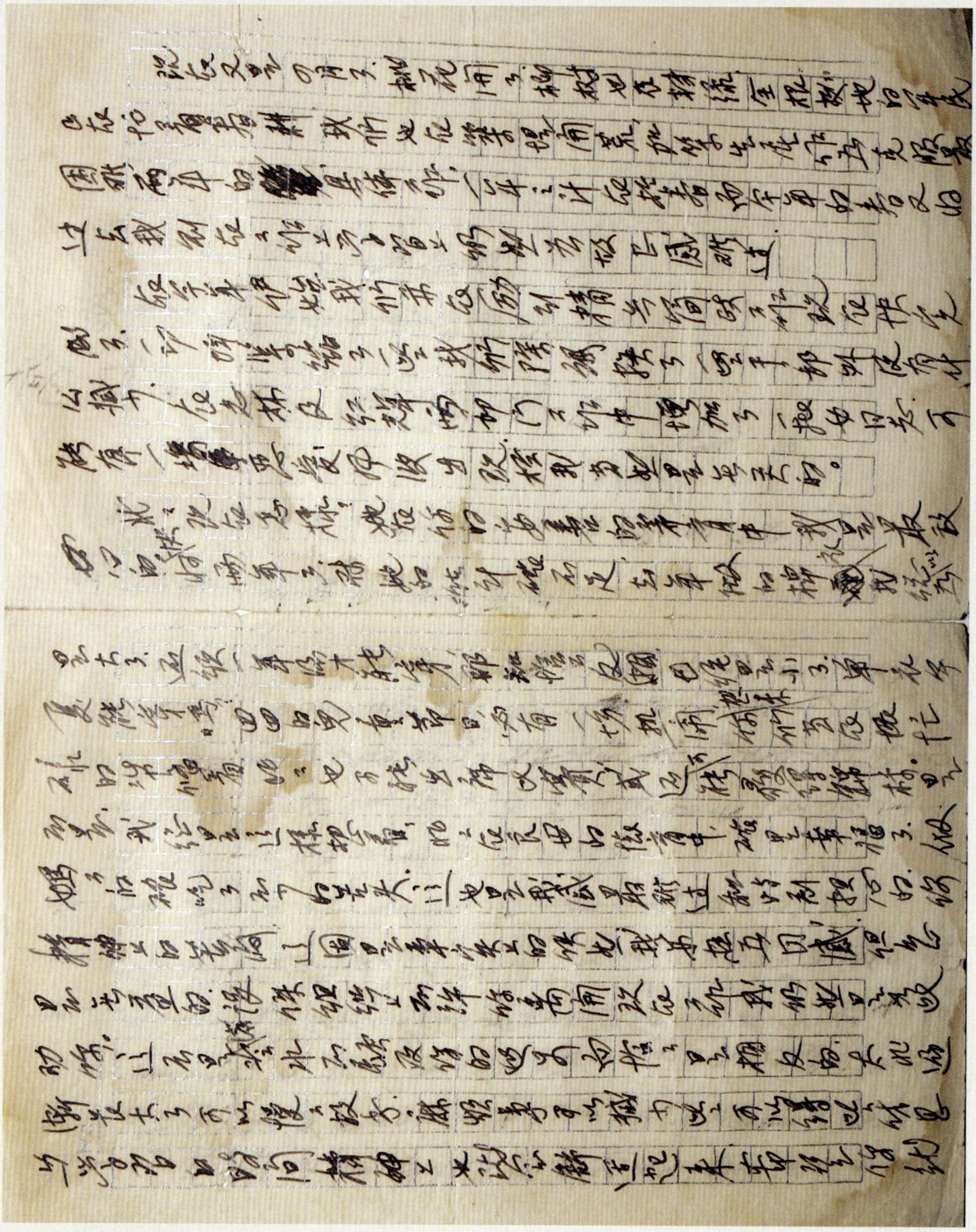

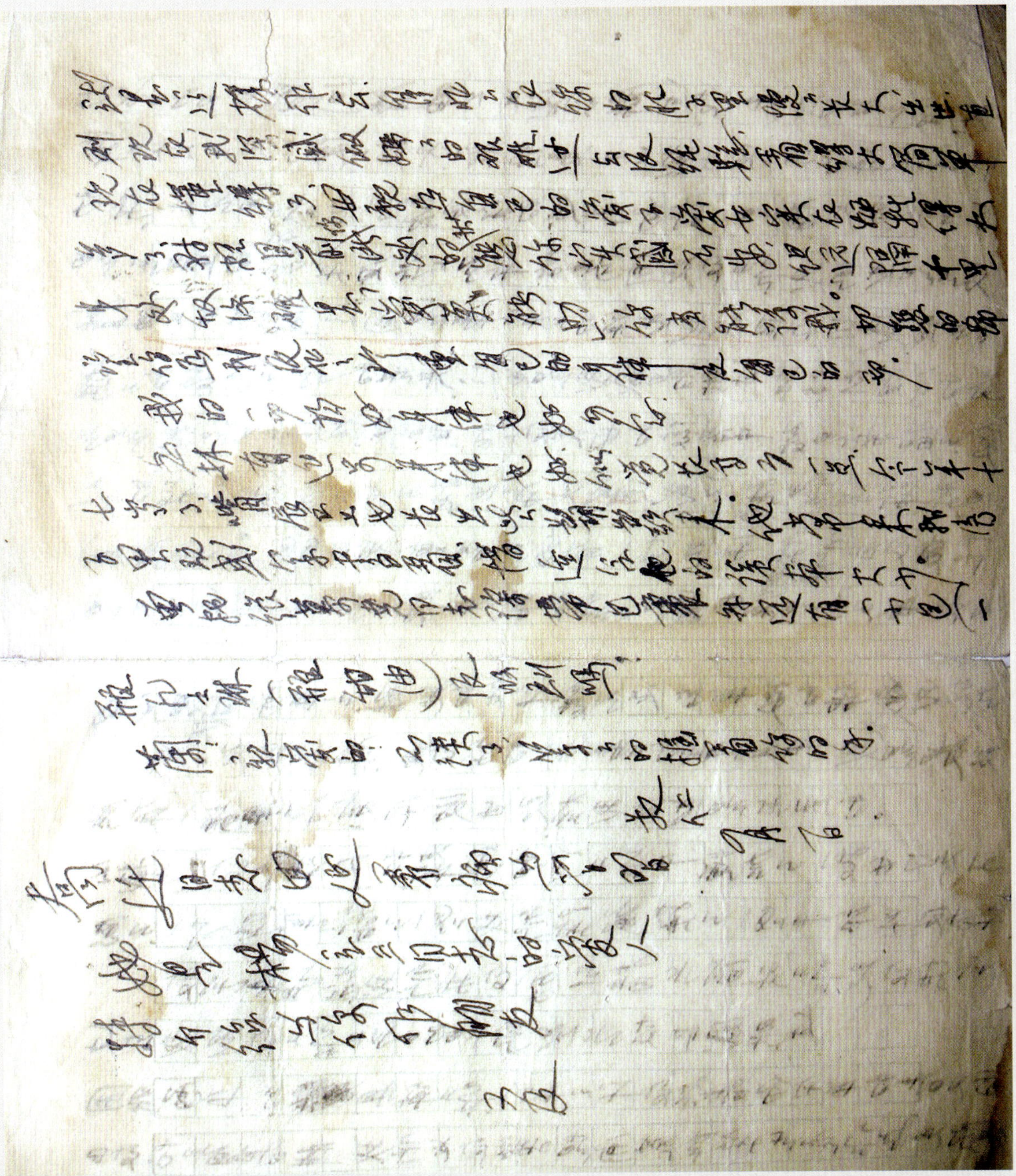

第九封信（1942年4月1日）

志兰：

大约在去年十二月间连给你两信收到没有？直到现在因无便人去延，还未给你写信。

半年来没接到你的信，时刻担心着你及北北的一切。几天前才收到你十一月十五日的信。托张慕尧同志带你的东西及信你收到了，也知道你及北北的一般情形。二月间我们全处在反扫荡中，虽说不上狼狈，但因久住（去年整年未移动过）后突然进入不断转移，总觉有些不便似的。敌人的残酷仍然如故，军队损失虽然不大，老百姓却遭殃不小。敌人新的花样就是放毒。在军队指挥机关驻地，在工场、地方，在某些政权机关及某些群众家里，满布糜烂性毒质。在我们去年的原驻地布毒不少，我及廿二号[2]的房子都布满了。直到现在□个多月了，还未消除干净。因此我们也就不便返原住地了，可惜适意的住地、相当美丽的花园。因为毒伤老百姓很死了一些人，伤的很多。女县长刘湘屏中毒非常利[厉]害，全身发烂，皮肤掉了三分之二，幸而医治较早，大概可以不死了，其痛苦之极也可想而知。

看你的信总有两种相反的感觉，当知道北北长得很好长得很大更懂事又顽皮更可爱，感觉非常高兴，非[常]痛快。当知道你的身体的瘦弱、精神的不痛快的时候，又觉得难过。有时也懊悔不回延或者还好一些。但一到敌人扫荡的时候，又觉得你回延后虽然没能进学校，但对于你及北北还是好的。在反扫荡中特别是较激剧的时候，对于女同志确是感觉不方便。据说敌后一般女同志都得月经病，对于妊妇及带有小孩者则更不堪其麻烦痛苦了，走不得，躲亦不可能。在敌人此次清剿中，妇女儿童被害者特多，某某同志等寄养在群众家中的小孩也被残杀了，有的生病死了。李田的小孩长得很好，很健壮，在反扫荡的夜行军中受冷生了一次大病，险些儿死了。某些女同志恰在扫荡前后或反扫荡中生产更是为难，有的得了产后病。在反扫荡中，不少女同志都议论着说：刘志兰倒有先见之明。现在有不少女同志想往延安。

想来你进学校的事已成泡影了，能参加些实际工作一样是很好的。实际工作中，亦是很好的学习的场所。北北长大了，可以渐渐放手，麻烦或可减少些。断乳后身体可以恢复些，又能参加实际工作，还能学习，精神上自然也就痛快了，我是这样的想着。如果不出我所料，真的不能进学校了，我就希望你痛快的这样作下去。敌后战争仍在紧张的发展。困难情形亦大非昔比，渡过最艰难的两年后再相见吧。那时的情况自然就好了。

亲爱的，时刻牵念着你，你当同感，别后将两年了，不能不算久，愿共同努力，多多工作多多学习，渡过未来的两年吧！

现在又是四月了，桃花开了，柳树也在转绿。全根据地的军民正在忙着春耕，我们也在筑堤开荒，加紧生产，作为克服最困难两年的具体工作。一年之计在于春，而今年的春又将过去，我则在工作上学习上仍然如故，甚感难过。

在今年伊始，我们亦在励[厉]行精兵简政工作，现在快完成了，一切均紧缩了一些，我们除调换了一些干部外没有什么减少。在志林及红辉两部门工作中增加了一批女同志，可能有一场恋爱风波出现，于我当然是无关的。

北北现在怎样？她在你的妥善的养育中，我是最放心的。快将两年了，对她的估计确不足，去年做的棉衣，我总以为是大了，还须一年后才能穿，哪知恰恰相反，已经是小了。单衣今夏能穿吗？四四[2]的儿童节日必有一场热闹，想来你们当在忙碌的准备着。北北也可能出席比赛，或还可能获得锦标，是不是？我总是这样想着，北北在良母的怀育中确是幸福了。做妈妈的确吃了不少的苦头，这也是我感最难过和时刻担心的。你精神上的苦闷，这固是事实上的使然，我亦极为同感。但急是无益的，假使组织上不许你离开现在工作，我仍然是如此劝你。这不是泼冷水、不顾及你的进步，而恰恰是相反的。太北逐渐长大了，可以慢慢放手，麻烦事可以减少些，可以得些休息与学习的时间，精神上也就会舒适起来，希望你就是这样作去。自北北在你的肚子里慢慢长大、出世，直到现在，我深感做妈妈的艰难，过去没经验，看得太简单，现在懂得了，母亲为自己的爱子爱女实在牺牲得太多了。对于目前你所处的状态你实感不安，但远隔千里，身处敌后，确是“爱莫能助”，你当能谅我。切恳［恳切］的希望你为我及北北珍重自己的身体及自己的一切。

我的一切均好身体也好勿念。

志林有进步，身体也好，似觉长高了一点。今年十七岁了，嘴唇上也长出些胡须来。他常来我房子里玩或拿书看，惜适合他的读本太少。

曾托张慕尧同志除带包裹外还有一小包（一瓶凡士林、一瓶甜油）没收到吗？

兰！亲爱的，不谈了，紧紧的握着你的手。

叔仁

四月一日

乔迁同志回延养病与学习，她是杨立三[3]同志的爱人，特介绍与你作朋友。又及。

注 释

①指首长代号。

②指4月4日，国民政府定的儿童节。

③杨立三（1900—1954），湖南长沙人。当时任八路军前方总指挥部后勤部部长兼政治委员。

第十封信

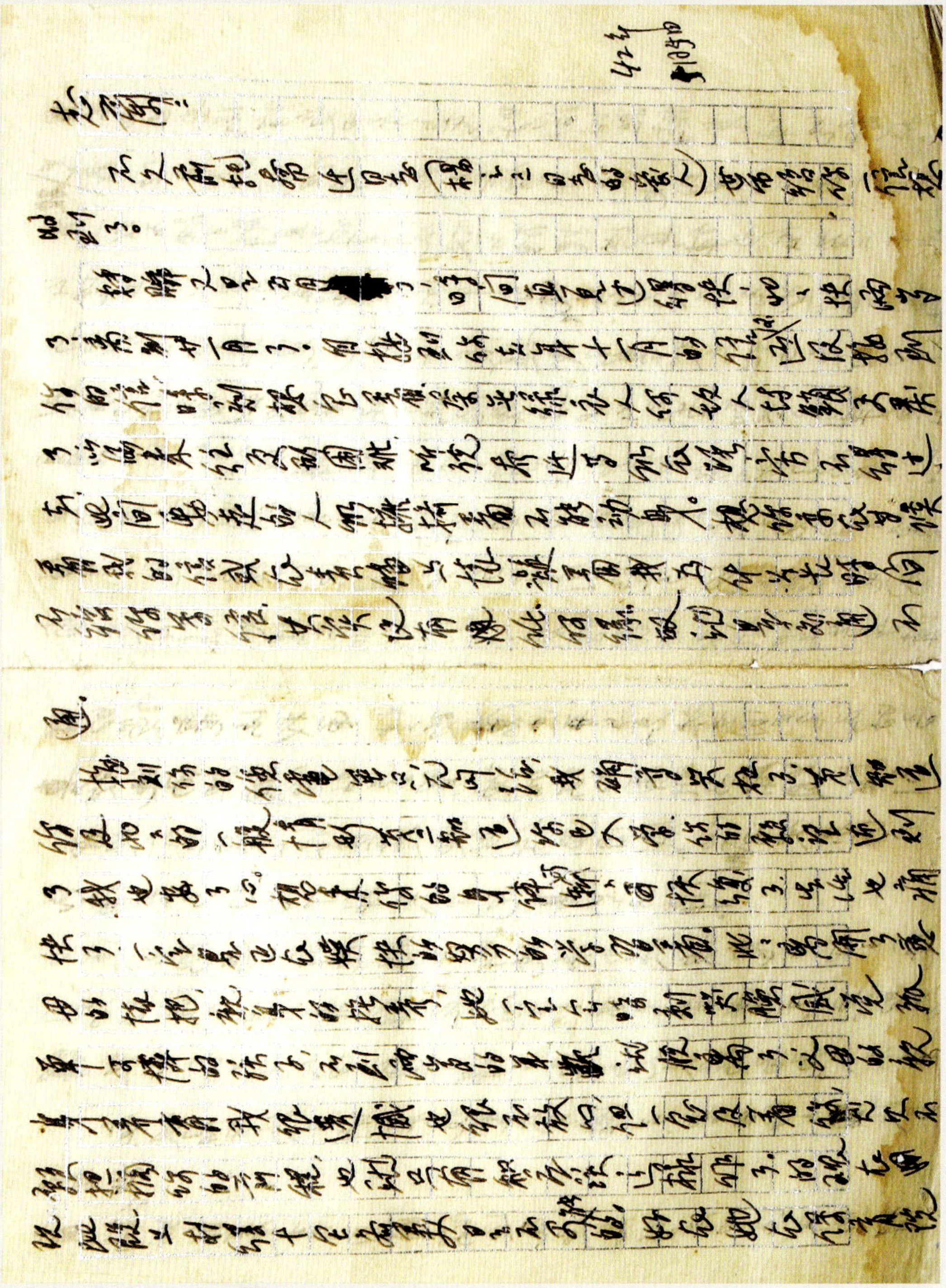

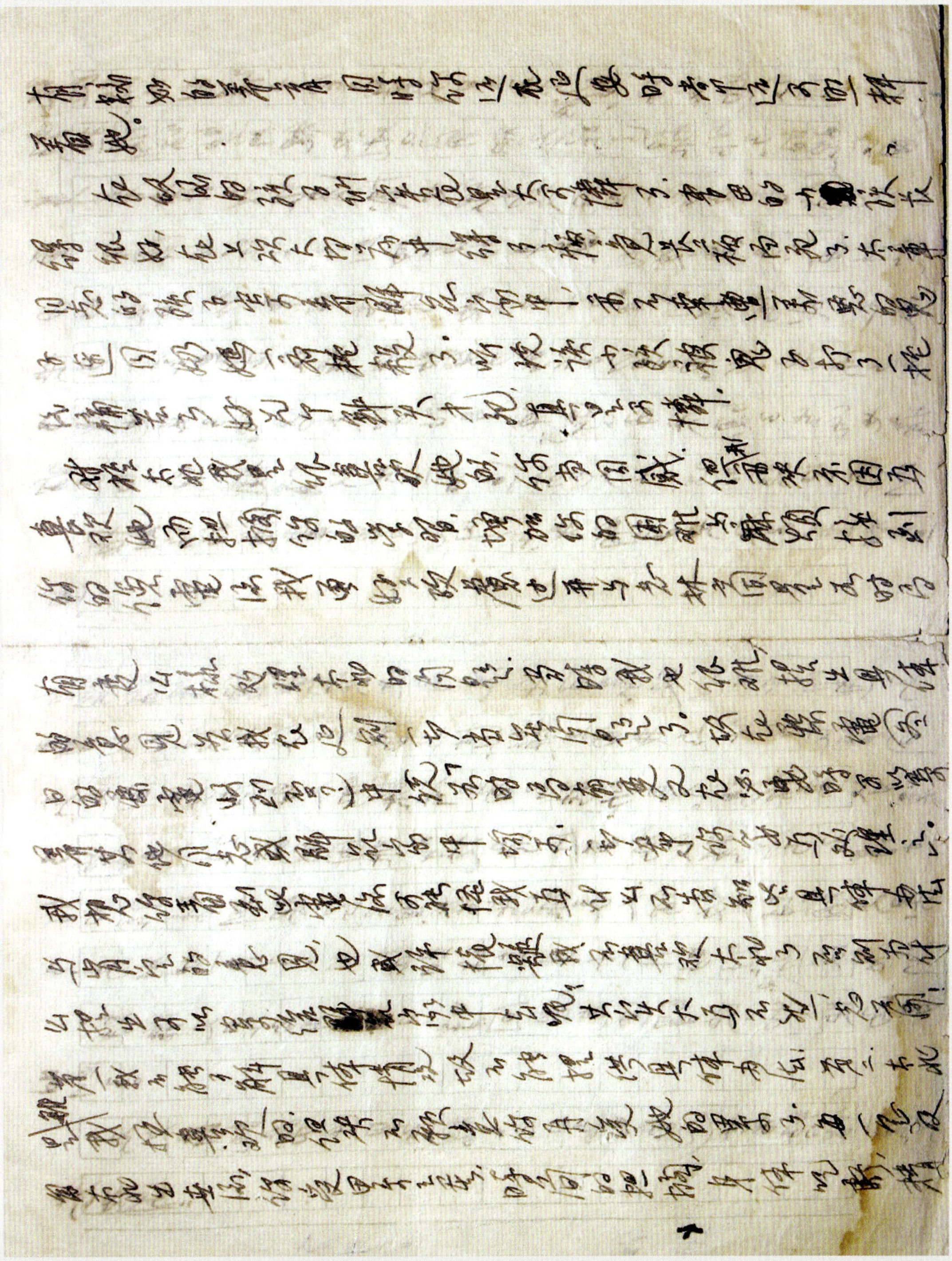

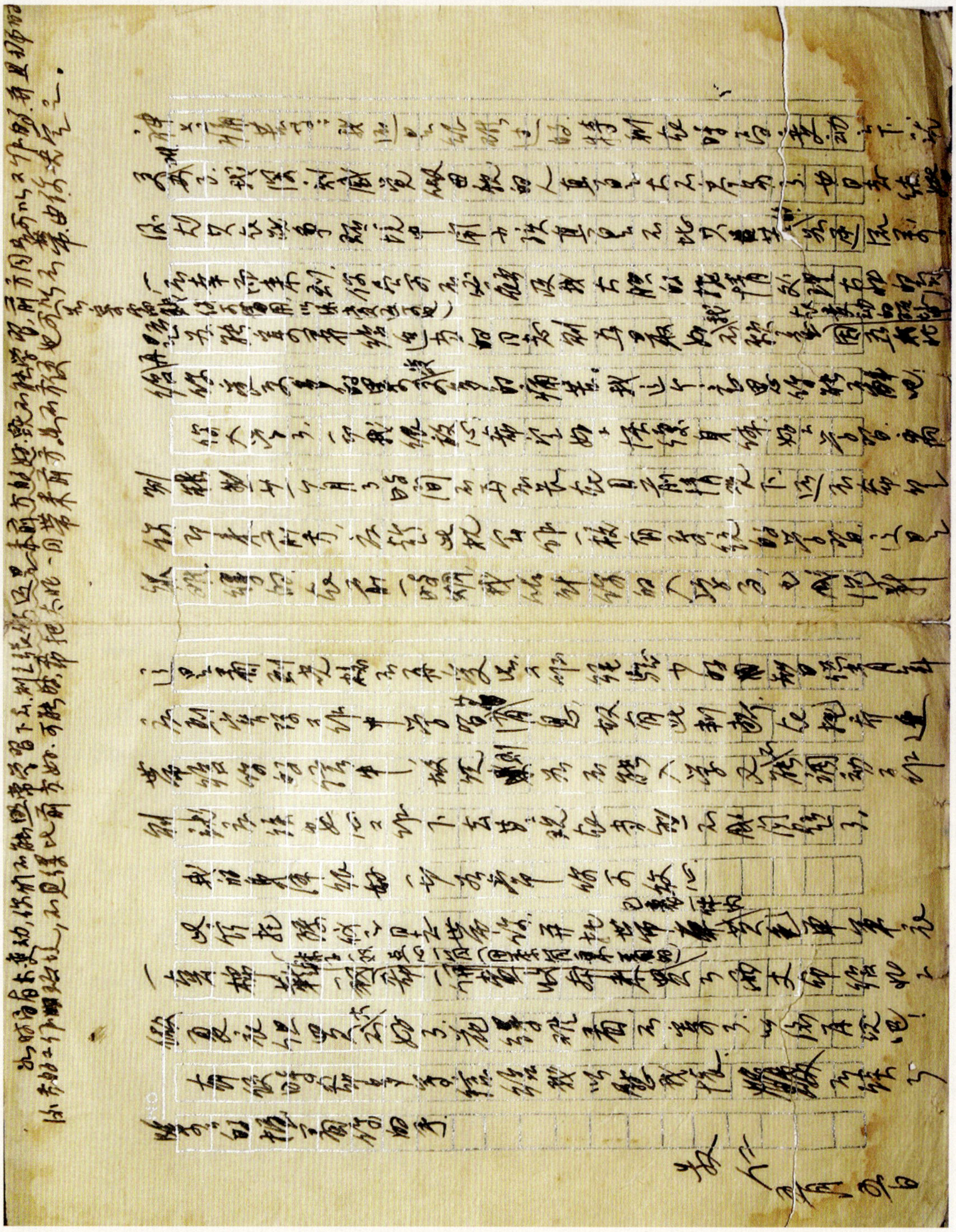

第十封信（1942年5月5日）

志兰：

不久前托乔迁同志（杨立三同志的爱人）带给你一信，想收到了。

转瞬又是五月了，时间真是过得快，北北快两岁了，离别廿一个月了。自接到你去年十一月的信后还没接到你的信，时刻想念着。奈无绿衣人啊。敌人封锁更严了，以后来往更形困难。听说乔迁等仍在路旁不得过去，此间要走的人仍拥挤着不能动身。想你亦在等候看我的信或在责备与怀疑着我为什么长时间不给你写信，其实没有任何缘故，就是交通不通。

接到你的俭电[①]虽只几句话，我确高兴极了，第一知道你及太北的一般情形；第二知道你已入学，你的愿望达到了，我也安了心。想来你的身体可渐渐恢复了，生活也痛快了，一定是正在愉快的努力的学习着。北北离开了慈母的怀抱、亲身的抚养，她一定会时刻哭脸，感觉孤单。可怜的孩子，不到两岁的年龄就脱离了父母的亲身养育，我很遗憾也很不放心，但一念及着你，尤其不愿担搁你的前程，也就只有和应该这样作了。的确在现阶段上，求得十全齐美是不可能的。好在她在保育院有较好的养育，同时你还在延安时常还可照料着她。

在敌后的孩子们实在是太可怜了。李田的小孩子长得很好，在上次大扫荡中得了病，竟长病而死了。大章同志[②]的孩子寄养群众家中，亦不幸遭万恶的鬼子连同奶妈一齐枪杀了。听说该小孩被鬼子打了一枪后，痛苦了好几个钟头才死，真是可怜。

对于太北我是很喜欢她的，你当同感，但我亦决不因为喜欢她而担搁你的学习，增加你的困难与麻烦。接到你的俭电后，我曾好好考虑过并与志林商量如时局有变[怎]么样处理太北的问题。当时我也很难提出具体的意见，如我在延则一切当无问题了。故在复电（冬日的复电收到否？）中说“如时局有变又在必要时可以寄养其他同志或群众家中均可，一切希你妥为处理之。”我想你看到此电后可能怪我，为什么不告知些具体办法与肯定的意见，也或许怀疑我不喜欢太北了，否则为什么提出可以寄给群众家中去呢？其实大为不然。志兰！第一，我不能了解具体情况，故不能提供具体办法；第二，太北虽是我极喜欢的，但决不愿意你再受她的累了。每一念及自太北出世后你受累之重，时间的担搁，身体吃亏，精神上痛苦等等，我还是很难过的，特别在时局变动之下就更难办了。我深刻感觉做母亲的人真是太不容易了。女同志结婚后尤其在战争环境中，闹小孩真是不堪其苦的。如逆流万一不幸而来到，你尽可不必顾及我，大胆的按情处理太北的问题，如能寄养给适当的同志则为最好（如寄需钱你可借用，以后偿还可也）。我不愿意在变动的环境中因为太北再给你受更多的累，受更多的痛苦。我这个意思你能了解吧！

你入学了，一切我很放心，希望好好恢复身体，好好学习。离别虽然廿一个月了，时间不为不长，在目前情况下，还不希望你即来前方，应趁此机会作一较有系统的学习。这是很难得的。在前一时期，我估计你的入学事，已成泡影。这是看到党校不再受生，工作经验少的智识青年应到实际工作中学习等消息，故有此判断。在托乔迁带给你的信中，故说到如不能入学又不能调动工作，则就应该安心工作下去等等。现在当然不成问题了。

我的身体很好，一切如常，你可放心。

此信托孙仪之同志[3]带你。并托带包裹一件，内黄色单军衣一套、棉鞋一双、袜子一双、点心一筒（用茶筒乘[盛]着的）希一并查收。本来买了两丈布给北北做夏衣，但买太不好了，花得难看，不寄了，以后再说吧！

有便时希多寄信给我以慰我怀。不谈了，紧紧的握着你的手。

叔仁

五月五日

如时局有大变动，你们不能照常学习下去，则主张你还是来前方的好。既不能学习，前方同是可以工作的，并且那时后方的工作环境，不见得比前方好。可能时，希把太北一同带来前方。如不方便也可以不带，由你决定之。

注　释

①韵目代日。俭电指28日的电报。

②即李大章（1900—1976），四川合江人。当时任中共中央北方局宣传部部长。

③孙仪之（1906—1986），安徽六安人。当时任八路军前方总指挥部卫生部部长兼政治委员。

第十一封信

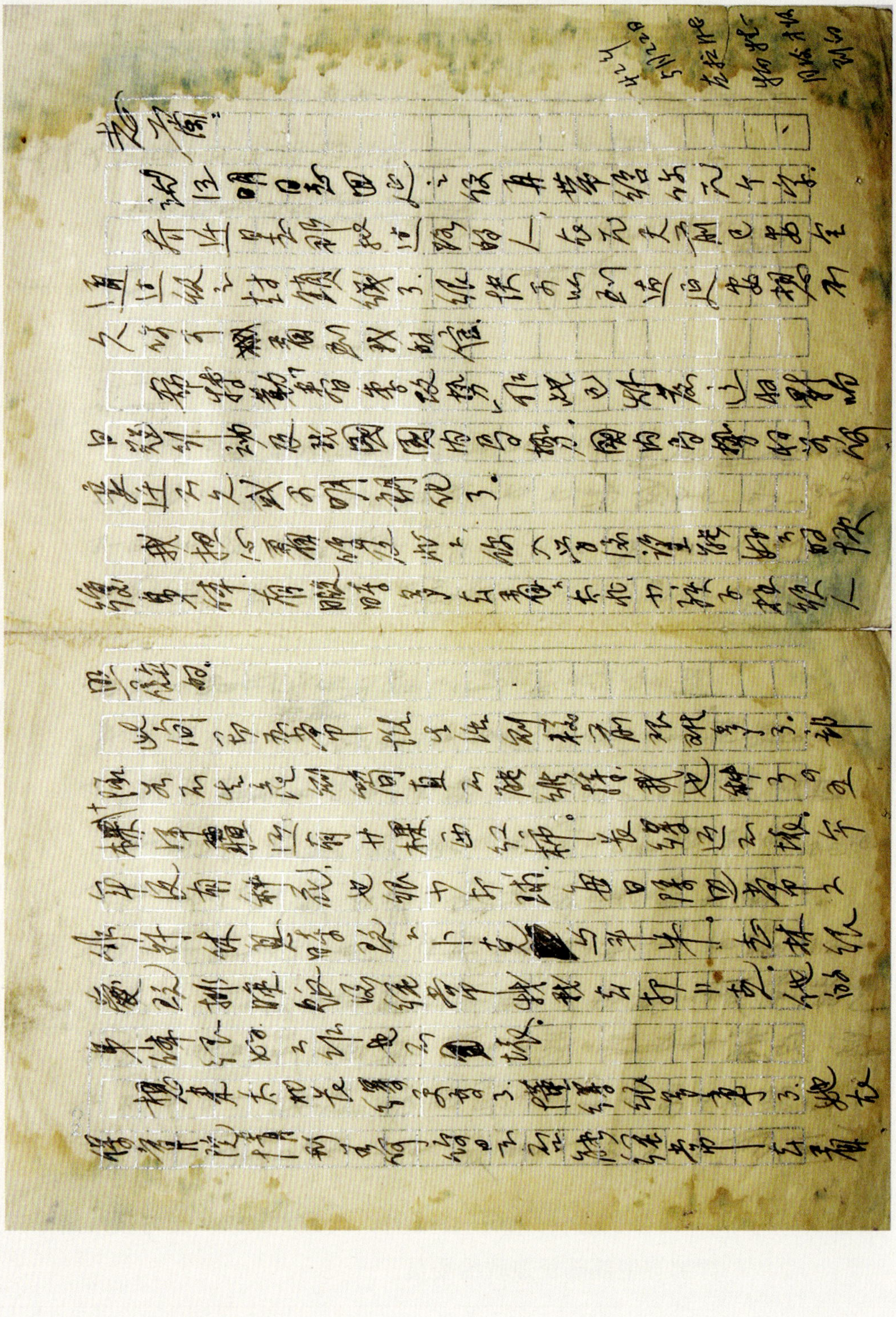

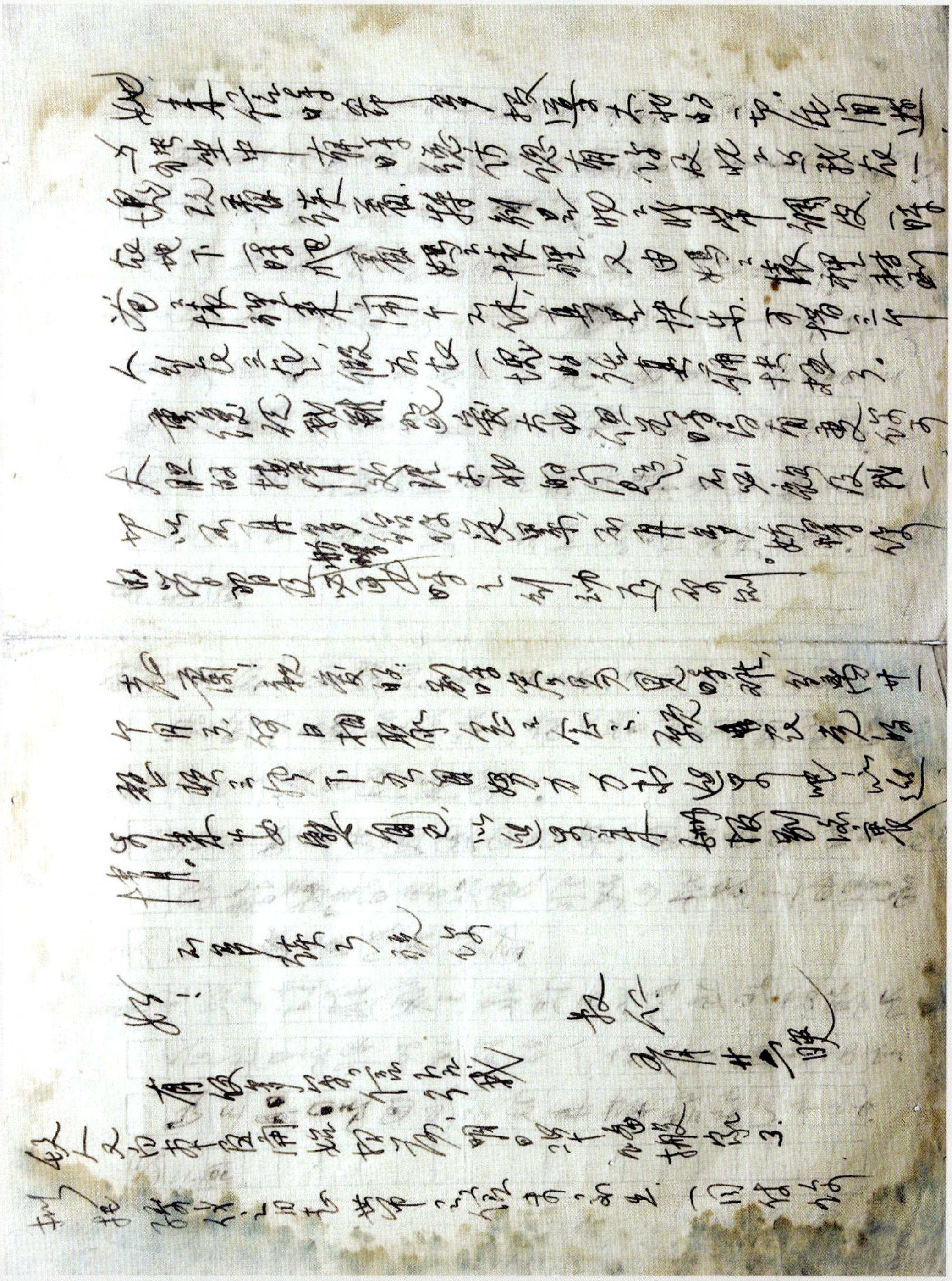

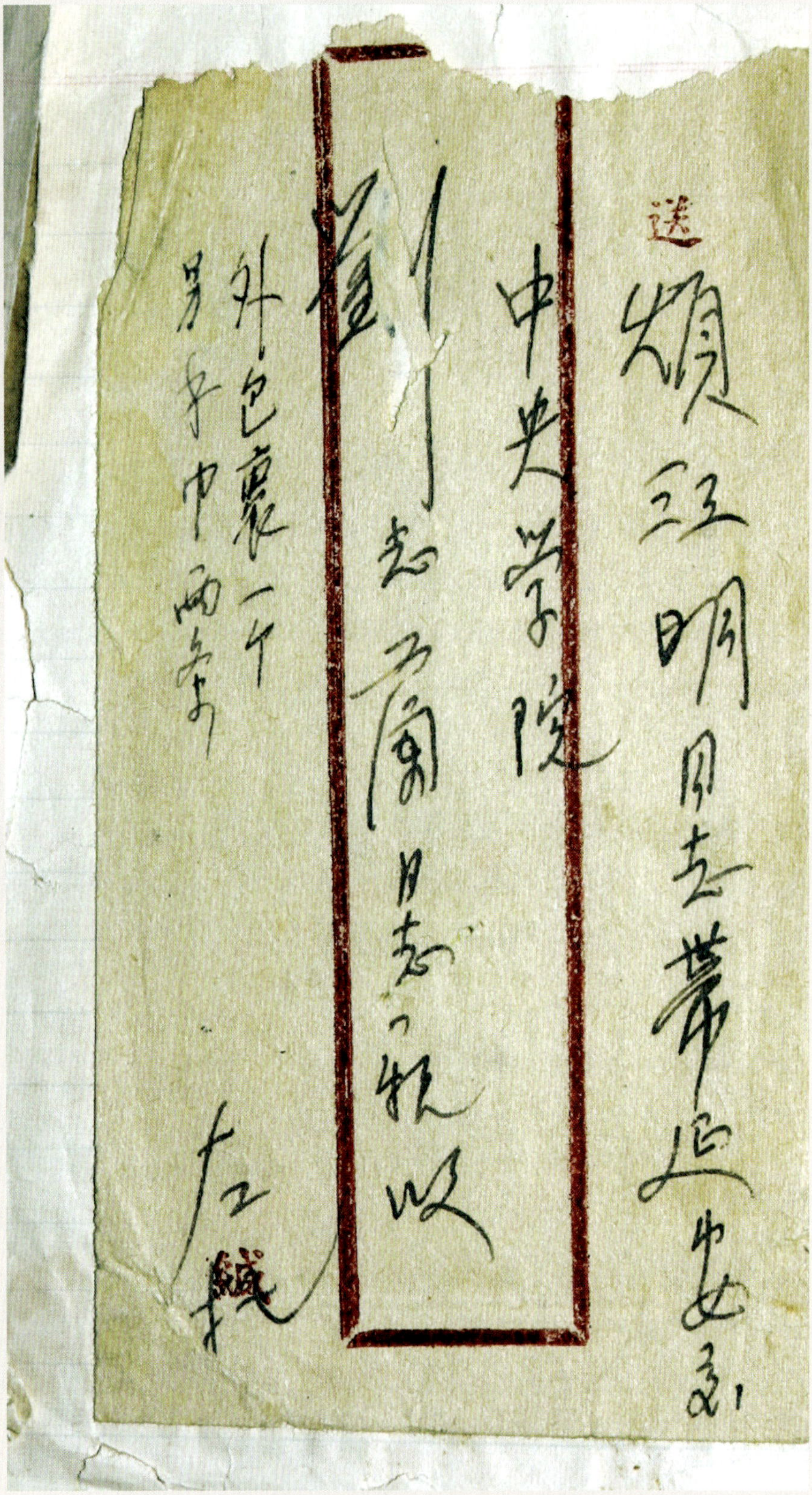
送
烦江明同志带延 中女大
中央学院
刘志兰同志亲收
外包裹一个
另手巾两条
左权 缄

第十一封信（1942年5月22日）

志兰：

就江明同志[①]回延安之便，再带给你几个字。

乔迁同志那批过路的人，在几天前已安全通过敌之封锁线了，很快可以到达延安，想不久你可看到我的信。

希特勒“春季攻势”作战已爆发，这将影响日寇行动及我国国内局势。国内局势将如何变迁，不久或可明朗化了。

我担心着你及北北，你入学后望能好好的恢复身体。有暇时多去看看太北，小孩子极须人照顾的。

此间一切正常，惟生活则较前艰难多了。部队如不生产，则简直不能维持。我也种了四五十棵洋疆[姜]，还有廿棵西红柿，长得还不坏。今年没有种花，也很少打球。每日除照常工作外，休息时玩玩扑克与斗牛。志林很爱玩排[牌]，晚饭后经常找我去打扑克。他的身体很好，工作也不坏。

想来太北长得更高了，懂得很多事了。她在保育院情形如何，你是否能经常去看她，来信时希多报导太北的一切。在闲游与独坐中，有时总仿佛有你及北北与我在一块玩着、谈着。特别是北北非常调皮，一时在地下，一时爬着妈妈怀里，又由妈妈怀里转到爸爸怀里来，闹个不休，真是快乐。可惜三个人分在三起，假如在一块的话，真痛快极了。

重复说，我虽如此爱太北，但如时局有变，你可大胆的按情处理太北的问题，不必顾及我，一切以不再多给你受累、不再多妨碍你的学习及妨碍必要时之行动为原则。

志兰！亲爱的，别时容易见时难。分离廿一个月了，何日相聚，念念、念念。愿在党的整顿三风[2]下各自努力力求进步吧！以进步来安慰自己，以进步来酬报别后衷情。

不多谈了，祝你

好！

叔仁

五月廿二日晚

有便多写信给我。

敌人又自本区开始扫荡，明日准备搬家了。拟托孙仪之同志带之信未交出，一同付你。

注　释

①江明，1913年生，当时是中共中央北方局工作人员，后任北方局青年运动委员会书记。

②指整风运动。中国共产党自1942年起在全党范围内开展的一次马克思列宁主义思想教育运动，主要内容是：反对主观主义以整顿学风，反对宗派主义以整顿党风，反对党八股以整顿文风。

左权给母亲、叔父的信

左权给母亲的信[1]

母亲：

亡国奴的确不好当，在被日寇占领的区域内，日本人大肆屠杀，奸淫掳抢，烧房子……等等，实在痛心。有些地方全村男女老幼全部杀光，所谓集体屠杀，有些捉来活埋活烧。有些地方的青年妇女，全部捉去，供其兽行。要增加苛捐杂税。一切企业矿产，统要没收。日寇不仅要亡我之国，并要灭我之种，亡国灭种惨祸，已临到每一个中国人民的头上。

现全国抗日战争，已进到一个严重的关头，华北、淞沪抗战，均遭挫败，但我们共产党主张救国良策，仍不能实现。眼见得抗战失败，不是中国军队打不得，不是我们的武器不好，不是我们的军队少，而是战略战术上指挥的错误，是政府政策上的错误，不肯开放民众运动，不肯开放民主，怕武装民众，怕改善民众的生活，军官的蠢拙，军队纪律的坏，扰害民众，脱离民众……等。我们曾一再向政府建议，并提出改善良策，他们却不能接受。这确是中国抗战的危机，如不能改善上述缺点和错误，抗战的前途，是黑暗的、悲惨的。

我们不敢[管]怎样，我们是要坚持到底，我们不断督促政府逐渐改变其政策，接受我们的办法，改善军队，改善指挥，改善作战方法。现在政府迁都[2]了，湖南成了军事政治的重地，我很希望湖南的民众大大觉醒，兴奋起来，组织武装起来，成为民族解放自由战争中一支强有力的力量。因为湖南的民众，素来是很顽强的，在革命的事业上，是有光荣历史的。

我军在西北战场上，不仅取得光荣的战绩，山西的民众，整个华北的民众，对我军极表好感。他们都唤着“八路军是我们的救星”。我们也决心与华北人民共甘苦、共生死，不敢[管]敌人怎样进攻，我们准备不回到黄河南岸来。我们改编为国民革命军后，当局对我们仍然是苛刻，但我军将士，都有一个决心，为了民族国家的利益，过去没有一个铜板，现在仍然是没有一个铜板，过去吃过草，准备还吃草。

母亲！你好吗，家里的人都好吗？我时刻纪念着！

敬祝

福安！

男　自林③

12月3日于洪洞

注　释

①此信写于1937年12月3日。

②1937年11月20日，中国国民政府宣布迁都重庆。

③自林是左权的奶名。

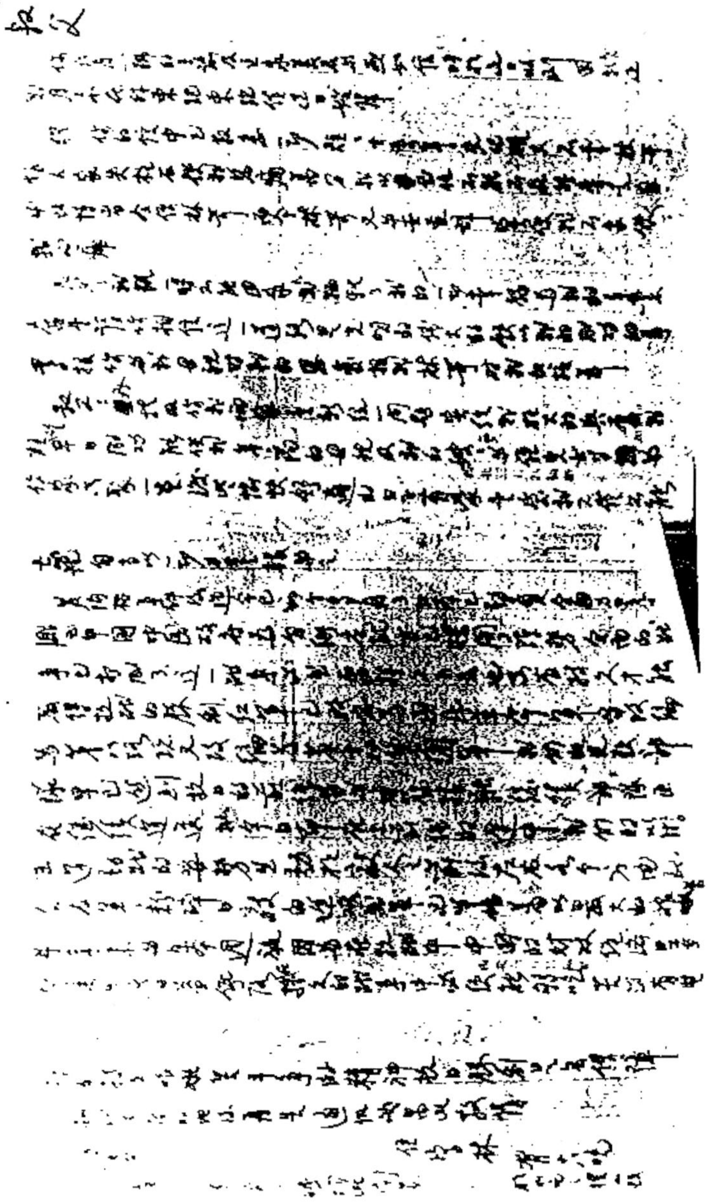

左权给叔父左铭三的信[①]

叔父：

你6月1日的手谕及匡美君[②]与燕如信均于近日收到，因我近几月来在外东跑东[西]跑，值近日始归。

从你的信中已敬悉一切，短短十余年变化确大。不幸林哥[③]作古，家失柱石，使我悲痛万分。我以已任不能不在外奔走，家中所持者全系林哥，而今林哥又与世长辞，实使我不安，使我心痛。

叔父！我虽一时不能回家，我牺牲了我的一切幸福为我的事业来奋斗，请你相信这一道路是光明的、伟大的，愿以我的成功的事业报你与我母亲对我的恩爱，报我林哥对我的培养。

卢沟桥事件后迄今已两个多月了，日本已动员全国力量来灭亡中国。中国政府为自卫应战亦已摆开了阵势，全面的战争已打成了。这一战争必然要持久下去，也只有持久才能取得抗战的胜利。红军已改名为国民革命军，并改编为第八路军，现又改编为第十八集团军。我们的先头部队早已进到抗日的前线，并与日寇接触。后续部队正在继续运送，我今日即在上前线途中。我们将以游击运动战的姿势，出动于敌人之前后左右各个方面，配合友军粉碎日敌的进攻。我军已准备着以最大艰苦斗争来与日军周旋。因为在抗战中，中国的财政经济日益穷困，生产日益低落，在持久的战争中必须能够吃苦。没有坚持的持久艰苦斗争的精神，抗日胜利是无保障[的]。拟到达目的地后，再告通讯处。专此敬请

福安！

侄　字林[3]

九月十八日晚于山西稷山县

两位婶母及堂哥二嫂均此问安。

注　释

①此信写于1937年9月18日。

②即匡金美，是左权的同村人，儿时的伙伴。

③即左权的大哥育林，1933年因患肺病去世。

④左权奶名自林、字林。

回忆与纪念

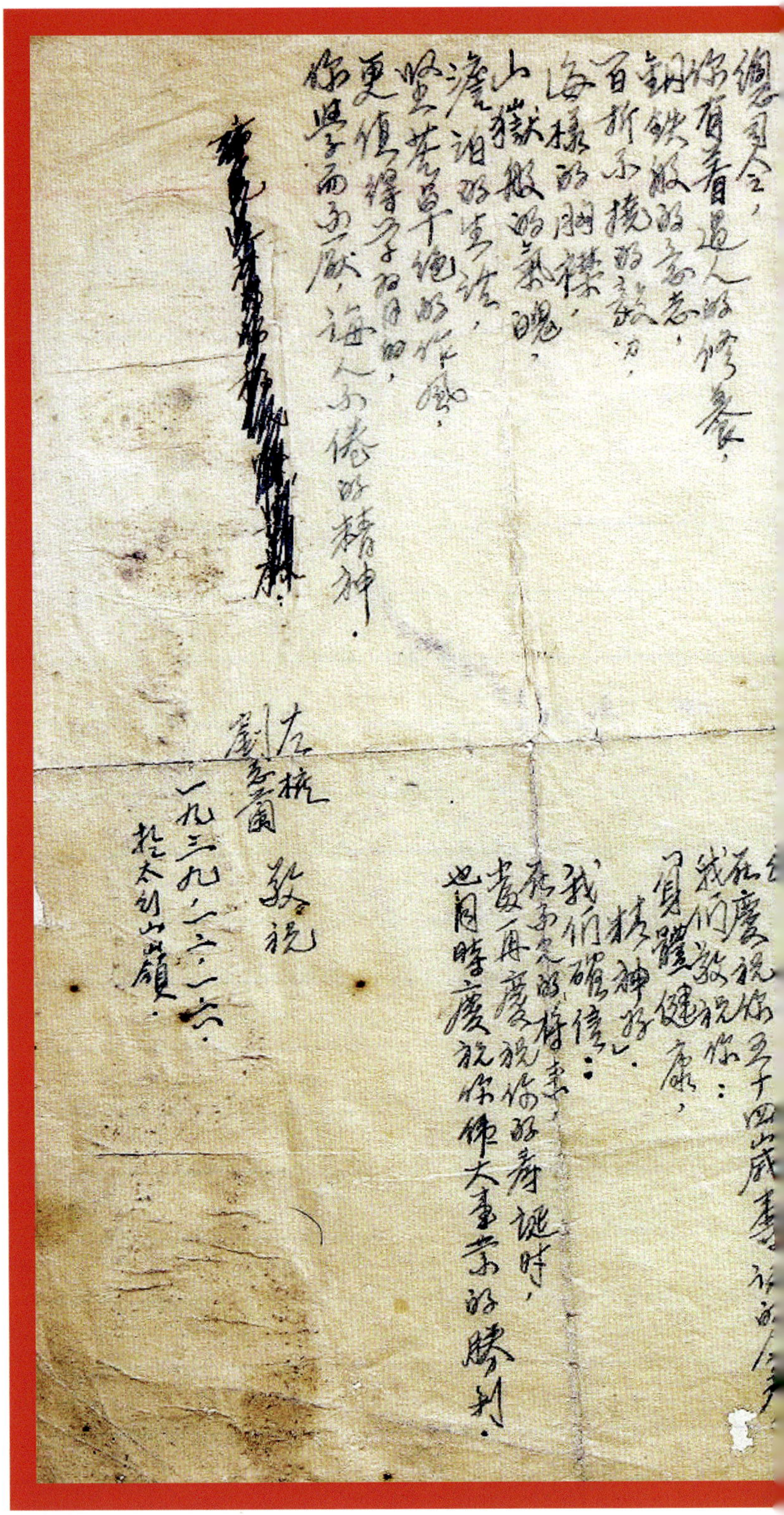

總司令，
你有着過人的修養，
鋼鐵般的意志，
百折不撓的毅力，
海樣的胸襟，
山嶽般的氣魄，
澹泊的生活，
堅苦卓絕的作風，
更值得學習的，
你學而不厭，誨人不倦的精神。
[redacted]

在慶祝你五十四歲壽誕的今天，
我們敬祝你：
身體健康，
精神好。
我們確信：
在不久的將來，
當再慶祝你的壽誕時，
也同時慶祝你偉大事業的勝利。

左權
劉志蘭 敬祝
一九三九、一二、一六
於太行山嶺。

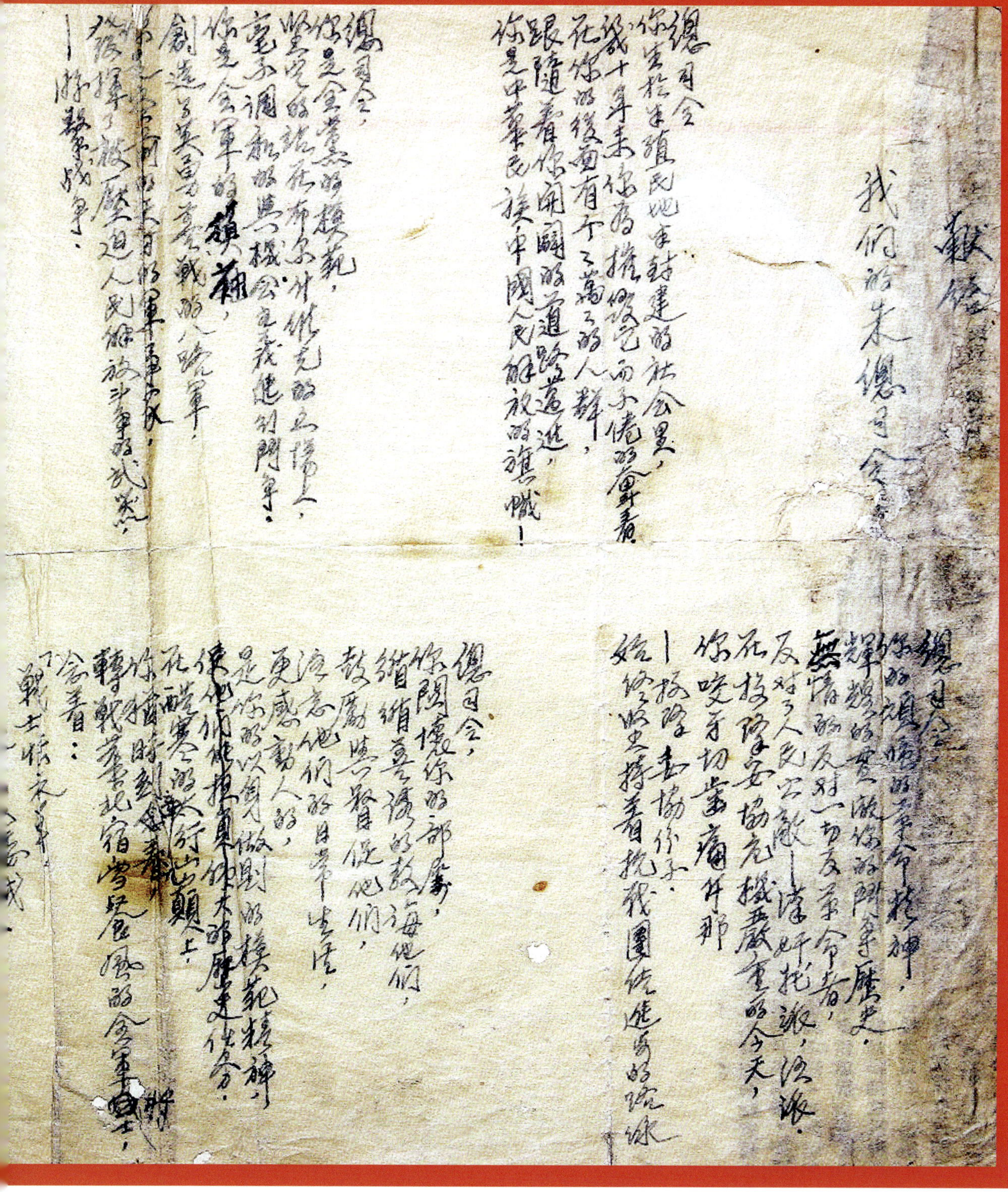
献給我們的朱總司令

總司令
你生於殖民地半封建的社會裏，
幾十年來你為被壓迫而不倦的奮鬥着，
在你的後面有千千萬萬的人群，
跟隨着你開闢的道路前進，
你是中華民族中國人民解放的旗幟！

總司令，
你是全黨的模範，
堅定的站在布爾什維克的立場上，
毫不調和的與機會主義進行鬥爭。
你是全軍的領袖，
創造了英勇善戰的八路軍，
[illegible]的軍事[illegible]，
你發揮了被壓迫人民解放斗爭的武裝，
一[illegible]游擊戰爭。

總司令，
你的偉大的革命精神，
[illegible]的貫徹你的鬥爭歷史，
無情的反對一切反革命者，
反對人民公敵——漢奸托派，汪派。
在投降妥協危機嚴重的今天，
你咬牙切齒痛恨那
一撮投降妥協份子，
給你的忠實擁護者抗戰團結進步的[illegible]

總司令，
你關懷你的部屬，
循循善誘的教誨他們，
鼓勵與督促他們，
注意他們的日常生活，
更感動人的，
是你的以身作則的模範精神，
使他們能擔負起偉大的歷史任務。
在嚴寒的[illegible]行山顛上，
你[illegible]時刻[illegible]
轉戰着[illegible]宿營[illegible]風的全軍戰士，
今看：
[illegible]戰士[illegible]

左权和刘志兰为朱德寿辰手书的献颂诗（1939年12月16日）

献给我们的朱总司令

总司令
你生于半殖民地半封建社会里，
几十年来你为摧毁它而不倦的奋斗着。
在你的后面有千千万万的人群。
跟随着你开辟的道路迈进。
你是中华民族中国人民解放的旗帜！

总司令
你是全党的模范，坚定地站在布尔什维克的立场上，
毫不调和的与机会主义进行斗争。
你是全军的领袖，
创造了英勇善战的八路军。
你是空前的天才的军事家，发挥了被压迫人民解放斗争的武器
——游击战争。

总司令
你有着过人的修养，钢铁般的意志，
百折不挠的毅力，
海样的胸襟，
山岳般的气魄，
澹泊的生活
艰苦卓绝的作风
更值得学习的，
你学而不厌诲人不倦的精神

总司令
你顽强的革命的精神
辉煌的贯彻你的斗争历史
无情的反对一切反革命者，
反对了人民公敌

——汉奸、托派、汪派。
在投降妥协危机严重的今天你咬牙切齿痛斥那
——投降妥协分子
始终坚持抗战团结进步的路线

总司令
你关怀你的部属
循循善诱的教诲他们，
鼓励监督他们，
注意他们的日常生活，
更感动人的，
是你的以身作则的模范精神，
使他们能担负伟大的历史任务。
在酷寒的太行山巅上，
你犹时刻怀念着
转战华北宿雪残风的将士，
念着“战士仍衣单，夜夜杀倭贼”。

总司令
在庆祝你五十四岁寿诞的今天
我们敬祝你
“身体健康、精神好”，
我们确信
在不久的将来，
当每庆祝你寿诞时，
也同时庆祝你伟大的事业的胜利。

左权
刘志兰　　敬祝
一九三九·一二·一六
于太行山岭

为了永恒的记忆
——写给权

志　兰

虽几次传来你遇难的消息，但我不愿去相信。自然也怀着这不安和悲痛的心情而焦虑着，切望着你仍然驰骋于太行山际，曾写道："愿以二十年的生命换得他的生存。"或许是重伤的归来，不管带着怎样残缺的肢体，我将尽全力看护你，以你的残缺为光荣，这虔诚的期望终于成为绝望！当得到你的牺牲的通知时，陷我于绝望的悲痛中，痛哭、悲泣，释不去郁结的悲哀，吞噬着我的心，滴下血来，"我不是在梦中吗"？我常这样提醒自己，而天空是澄清的，太阳辉耀着，这是绝对的不可挽回的事实。我不忍设想原来精神盛旺身体健康的你，怎样遍体弹伤地辗转于血泊中，也不敢想象你在断绝最后的呼吸和思想时，想到未完的事业和亲爱的人时，怎样痛切地感到对生之留恋。我痛悔不在你的身旁，分担你的痛苦，这是永远的恨事了。

结婚三年来，我们感情是深厚的，体会到爱与被爱的幸福。我们是同志、朋友，又是夫妇，[你]不愿因私人生活而妨碍工作，也不愿自己亲爱的人仅作一个柔顺的妻子，而希望她做党的有力的战士，你从不阻止我远去工作的热诚，且给予鼓励，以好好工作和学习共勉。

在共同生活中，你有着潜移默化的力量，我更是一个热情、积极的、幻想很深的青年，在你旁边渐变得踏实、深沉，一面开朗地认识革命事业的伟大规模，一面体验到人生的丰富的意义。你的全部生活溶于革命事业中，每日萦绕于脑际的是如何有益于党和军队的事业，虽然经常是冷静地沉着地处理工作，我常感到你内部有着不可摇撼的决心和燃烧的热情，发出惊人的力量工作。给我印象最深的是百团大战之役，你全部精神漫沉于这一伟大战役的计划中。你部署队伍，研究敌情，和花很大的精力研究怎样更有效力地破击敌人重要交通线上的铁桥、隧道、车站，写电稿，看地图，8月20日午夜，你虽有着胜利的把握，也仍为行将发生的战役焦虑着，没有睡眠，在屋内和院中徘徊，等到捷报像雪片一样传来，你更忙碌的研究战况，阻击敌人的增援，扩大战果。回想数十万健儿、数百万群众，在祖国的原野上，展开七昼夜的破击战，使敌人背腹受击、惊惶失措，娘子关峰峦上飘扬着国旗，是怎么一幅壮烈的图画。

在你旁边感到坚实有力没有迟疑的依赖，虽然你不愿以美丽的言词来装饰你的情感，令人深感到一种真挚、朴素、包容一切的爱，在忙迫的工作中，也注意细心地关切我。记得我怀着北北生病时，几乎有两个月，你抽出每个黄昏的休息时间来看我，安慰体贴无微不至，眼看着我消瘦下去的身体为之不安，曾想尽办法使我吃一点东西。其实，在你的深爱中，已使我的病痛泯然若失了。在有了北北的几个月中，你学会带小孩子，替她穿衣服、包片子，教我更细致。当时也多在紧张的战况中，从没有因为她的哭泣影响你工作休息有一点不耐，你爱她。在痛苦中回忆过去快乐的时光，是更深切的痛苦，然而那逝去的永不再返的日子 ，怎能不引起我的依恋呢!

为了工作与学习，我们不止一次的分离，每一封来往的信写不尽的怀念之情，尤其这次将近两年的分别，书信的阻隔，加深我们相互的思念。你虽每信中写出："我的身体及一切都很好，你完全可以放心"，对于转战华北，终日勤劳的你，怎能怀疑呢？关心报纸上每个反扫荡的战报和零星的消息，我可以推测到你近来的生活，而为之欣慰。对于你作战的沉着勇敢，打击敌人，保存自己没有些微的疑虑，谁知你竟于此次出击敌人而牺牲呢！

想到你十余年的战斗生活备尝艰辛，没有一天的休息。而今天，没有一句话就永远离开我们，痛感到不可弥补的遗憾。三年来我没有更多的为你设想，更多的关切你、体贴你，使你为党为国劳瘁的心得到应有的安慰，而常以工作学习的需要而离开你，使你在工作之余没有适当的调剂和安慰，以为这只是一时的，我们都期望着将来有更多的时间共同生活，谁知这终身的伴侣只有三年就要永远分离，如有预知之明，我将尽全力来使你幸福，谁能逆料生离竟成死别！

因为年来带北北影响到自己的进步，心情不好，曾牵怒于你，一次向你发牢骚，刺激你，使你难过，但你能体会到我的处境，除去解释与安慰之外没有一句责难，使我惭愧，希望见面之日，得到你的原谅。你并且经常更深地体会到做母亲的困难，在你最后的信中还写着："自北北在你肚子里慢慢长大，出世，到现在，我深感做妈妈的艰难，过去没经验，看得简单。母亲为自己的爱子爱女实在牺牲得太多了"，你并且常常以不能更好的帮助我而不安难过，也在这次信中再三强调写出："远隔千里身处敌后确是'爱莫能助'，你当能谅我，恳切地希望你为我及北北珍重自己的身体及自己的一切"，你经常这样期望、也成为你最后的期望。看到这些含着深爱与热望的句子，想到你眷眷的难忘的心，使我负疚更深，有什么机会让我再向你忏悔和解释？

你爱着北北，你希望她知道爸爸在遥远的华北与敌搏斗，你愿她健康、可爱，这些她都能做到，悲惨的是你永远地离开我们，她幼小的心灵中怎能体会到失去爸爸的悲哀呢。失掉你是我和她的深切的不幸，这不幸永远不能弥补的。你很放心我的抚育。今后，在何种情况下，有党及同志们的帮助，我一定要抚养她长大成人，继承你的遗志，亦使时刻记忆着爸爸是血战捐躯的抗日英雄。

由于你的牺牲更加深我民族的仇恨和斗争的决心，日本法西斯不仅奴役我的国家，且残杀了我亲爱的人。对于革命，我贡献了自己的一切，也贡献了我的丈夫。你所留给我最深切的是你对革命的无限忠诚，崇高的牺牲精神，和你全部的不可泯灭的深爱。为了永恒地纪念你，我将努力将二者紧密的结合起来，学习你继续你的遗志奋斗。在任何困难之下，咬着牙齿渡过去。有一点失望和动摇都不配做你的妻子。

愤恨填膺，血泪合流，我不仅为你流尽伤心的泪，也将为你流尽复仇的血，你永远活在我的心里，今后悠长的岁月中，想到你将是我最大的安慰。

亲爱的，永别了，祝你安息！

（原载1942年7月3日《解放日报》）

刘志麟给刘志兰的信[1]

五姐[2]：

前去一电，不知接到没有。

很久未接到你的信了，心里有很多话要说，但是又不知道要从什么地方谈起。最近一个时期，也可以说在扫荡以后，心绪非常不宁，学习也很松懈，但是我总尽量想办法来克服。

叔仁的牺牲，对于我的影响，可以说是非常大的。我和他一块将近二年，对于我的帮助与关心可以说是无微不至的。在去年春天，我因打针把手打坏了，一连住了三个月的医院，他经常抽暇去看我，平常经常找书给我看，尤其在他牺牲前的二三个月，差不多每天在一块打扑克、顶牛，对每个同志都是非常融洽关怀，所以他牺牲的消息传出后，听者无不叹息。

他的死是非常突然，也是非常壮烈的。仅就当时的环境来说，似乎可以避免，但因他的责任心太重了，他在最危急的环境下，毫无退却的率领干部突围，只顾到别人的安全，而忘记隐蔽自己的身体，以致为革命流尽最后一滴血。他死后的遗体以及死难时的情形，我都未见，我仅就同志们所谈，详述如下：

五月十二日敌人对太北区开始了扫荡，但仅仅是边缘，还未到达中心区，直到廿二日才到达我们驻地附近。廿三日晨我们开始转移，当天只走了七八里。第二日又继续行军，在行军过程中，因为队伍太多，因此敌机发现了目标，当天即在宿营地狂炸了二次（死伤很小）。傍晚时敌人就到达我们附近（一二十里），但还未接触，午夜后又继续走，整个四五千人一起走了不到廿里。第三日（五月廿五日）晨在休息时，又被发现目标，一直炸了三四次，到中午时各路敌人在飞机掩护下，已经接近我们。我们当时不顾一切分头突围，五架飞机轮番在大路上轰炸。当时情形是非常乱，一切都是失掉了联络，分散为无数小股。这时叔仁仍是非常沉着镇静，带着一些非武装的干部突围（一部分是我们本科的），一路上力竭声嘶的喊着“快些走”，人们跟着他在后面躲避飞机炮弹，或继续前进。当通过第三道敌人火力封锁口时（也是最后的），敌人火炮（一门）轰击的很利[厉]害。他叫别人都卧倒，准备炮弹稍停再突击。但是他一个人仍继续前进（一个卫士也没有），刚走了两步，不幸被敌人炮弹击中头部，当时一言未发牺牲。尸首一直到三四天才有人埋（因为附近有敌人）。埋后又被敌人挖出，照了像发表在伪报纸上。牺牲时他所带的人，都因他的嘱咐，毫无损失。

我的遭遇也可以说非常凑巧（实际上前线上很多事情都是非常凑巧的）。刚一上山时，就遇到敌人飞机的轰炸，两颗炸弹离我只有一丈多远，我爬在一个很小的狭沟里，才得以幸免。上山后原来人很多，后来因大炮机关枪飞机的轰击都打散了（毫无抵抗）。我随着我们科长，又一层一层的跳下沟去（完全是跳），到山下后，三面都是敌人，我们选择的路很恰当，所以冲出时未遇到敌人，只是受到炮火的威胁，但在快冲出时因为一夜未睡未吃饭又未喝水，跑了很多路，头又痛，因此一点也走不动了。一个人只好到一个老百姓家里去躲，屋子里什么也没有，只有一缸水，连着喝了十几碗水，一点办法也没有。四围都是枪声，比过年时还热闹，我当时什么也不怕了，把所有的东西都丢了（甚至于牙刷毛巾），只剩了一个碗。后来，终于遇到一班战斗部队也来喝水，才一路跑出。不然现在恐怕早入人之囚了。

这次人员损失很大，你所认识的文华（盲肠炎）、海科长等都牺牲了，浦安修[3]还很好，有的人连续被俘二次（北局总务科的小高）都跑出来了。

这次我的东西都掉完了，叔仁给我的东西也都掉了，只剩了一把刀子。他的东西也掉完了，只剩了一个公文箱（有些书和笔记）。我要了十几张相片（马恩列斯毛彭等），没有你和太北的，恐怕都丢了，还有他本人的两张相片、一个十年纪念章、一个八路军证章，其他的一部分（ 表等准备送给你），不知送了没有（其实也很少了）。

由于敌后形势的严重，恐怕未来斗争是更加残酷的，但是我有决心，一定要在最艰难的环境中来加强自己锻炼自己。不多叙，望常给我来信。

叔仁是五月二十五日下午在辽县十字岭山上牺牲的，希望你能想开一点，勿要过分悲伤。

有很多你的笔记本（里面是妇女工作）都交给浦安修了。

并祝太北健康！

志麟

七月十五日

注 释

①此信写于1942年7月15日。

②指刘志兰，志麟是她的胞弟。

③浦安修（1918—1991），江苏嘉定（今属上海市）人，当时任中共中央北方局妇女运动委员会委员。

刘志兰给女儿左太北的信

太北：

你们好。

寄给你3份历史珍物。（一）你爸爸给我的11封信。（二）1939年12月你爸爸和我给朱老总生日的献词稿，表达我们对朱老总的崇敬和爱戴，是两人共同研究写的。（三）舅舅[①]在42年5月后给我的一封信。从中可了解到你父亲牺牲时的情况和当时干部中的影响。是当时写的，比较合乎实际，有重要参考价值。这都是1967年8月初太原六中“32111”从我们存在解放军警卫连处抢走的，后又辗转到了我的专案组，去年12月，省委组织部才退给我，被关禁闭达十五六年之久。如果不是“文化大革命”这种怪事是决不会发生的。

对于那份献词，不知“军博”[②]要不要，他们如不要可送邯郸陵园[③]，你要留着也可以。

舅舅的信，文词和内容都很好，有人要可发表。《时代的报告》不是索稿了吗？那首献词交《时代的报告》也可以。编辑之一曾克同志延安正[整]风审干时就在党校三部，和我很熟，她是认识你的，可给她写信试试。主要意思是宣传你的父亲，但交谁发表你却要事前来信和我商量。

你爸爸给我的11封信（另外还有一封在半路上遗失了）充满了和我们分别21个月里的想念之情，特别想念你，和担心我的身体和情绪。饱含着深厚的爱和将来团聚的渴望。信更主要的是讲了他的战斗生活。在当时我也是很珍视的，以至保存了几十年，现在看来则更是十分珍贵的历史文献了。真没有想到被抢去后还能物归原主。在去年12月退我的大量材料笔记中发现这11封信后，如获至宝，捧读了几遍，40年以前的短暂的幸福生活和带着你的艰难情景都历历在目，（那时我只有22岁，到42年我是25岁），有好几天我都沉浸在思念和回忆中。前几天在你爸爸墓前，我对你父亲的思念和为自己的四十几年的苦难的生活而流泪了。我在去邯郸的火车上也在思念着这四十年的“苦难的历程”。

1939年2月我参加中央巡视团到晋东南巡视工作，4月16日和你爸爸结婚是完全没有精神准备的。经朱老总亲自很诚恳的介绍（这以前我在晋冀鲁豫党的会上听到一次你爸爸做的军事报告，只听人们都很钦敬，谈不上什么印象），而且老总说不快解决就要并已经有点影响工作了。我把老总视为长者，由于是老总亲自说，我不好拒绝，而且很快结婚，是没有什么感情基础的。我那时的小资产阶级的情调是很浓厚的，我自视很高，虽然22岁了，接触人很多，但没有和任何一个人恋爱过（也没有对什么人有过好感）。所以结婚后要有一段了解和进一步发展感情的过程。现在回想我们的生活是幸福的，也是有感情的。但是我总有一种不祥的预感，就是在你父亲信中说的他40年初去太南二纵队④时我当面交给他一封信（生你后他又退我了，这我就记不清了），主要顾虑他的安全，当时已怀你四五个月，心中害怕，伤感的情绪较浓，到他四月底安全回来后才释然了。这封信给他印象较深，在他的第三封信中提到了。生了你以后，我们一家在一起生活了仅仅三个月就分别了。那三个月中我的情绪也是不好的，自己带孩子落后了，总觉得见不起人似的。那时的女同志不以带孩子为荣，不那么理直气壮。回延安后我一个[人]带着你，困难是可想而知了。在情绪最不好时我写了一封信给你的父亲说，早知如此我一切都不算了。这并不是什么变了心，而是气话。这就是他在第三封信中提到的那一封。那时我很年轻，对生活理解得太少，又处在双方远离，一时感情冲动，而错写了那么一封信，现在看了遗书后深感遗憾，悔恨莫及。他在政治上遭诬陷[5]，创伤很深，也是这样解决家庭生活的原因，让我们回延安，我的信又刺伤了他，实在不该。但自1939年我们结婚，到1942年牺牲，他对我们短暂的家庭生活是满意的，信中几个地方都提到我们的感情是很深的，分别后互相是很想念的，他总是尽力完成他做爸爸的责任的。如果不是1942年5月麻田之恨，日寇投降后我们一家团聚，以后的生活是会很美满的。他对我们两人的照顾都是会很好的，绝不会像他抛开我们以后的那种情景。

我总觉得可惜的是我们相处的时间太短了，互相了解得太少了，也没有完全习惯下来，就匆匆分别而且成为永别。这短暂的婚姻家庭生活，本来已使我感到自己的一生已经定型，走上了轨道，而且准备就这样走下去了，谁知你父亲牺牲使我突然感到走到了路的尽头，无路可走了，又不得不挣扎着往前走。有噩耗的一年多时间，我陷在深深的悲哀绝望之中。记得我得到传说以后，去朱总处看到你父失踪的电报，我又去问林彪时，他不肯定，但我感到噩耗已成事实，回到党校三部，一个人黑夜里在山坡下痛哭失声，很多同志在山上听着，叶群他们把我劝回去，许多同志见我都不知道说什么才好。

1939年至1942年的一段生活影响了我的一生，成为苦难的历程。当然不是你父之过，但他如不牺牲，一切当会好一些。更重要的你父亲这样一位好同志的殉国，既是他本人的，也是我们家庭的巨大损失和悲剧，对党和对国家的损失更是无法计算的。但他对我们说来是十分十分宝贵的。

我想只说明以上两点，帮助你了解，其他的内容你自己去看和体会吧。

……

如果说留遗产的话，这就是遗留给你的最宝贵的遗产。

我昨天已给省委组织部写信，请他们给写一申请烈属证的证明。写好后即寄你。

过去的事在信中一时说不清，有机会时再和你谈谈，使你了解。我只是随感随写的，不尽合适，只做谈心吧。

问你们全家好！

妈 妈

82.5.31

邯郸陵园的照片盼尽量寄我。这两个月因记购国库券1200元（二人）工资都扣了，等一、二个月后即寄钱给你。

注 释

①指刘志麟。

②即中国人民革命军事博物馆。

③即河北邯郸的晋冀鲁豫烈士陵园。园内建有左权将军墓和左权将军纪念馆。1950年10月，左权灵柩自河北涉县石门村西北山麓移葬于此。

④为了统一太行山南部地区的作战指挥，八路军总部于1940年2月6日决定组建八路军第2纵队，左权兼司令员、黄克诚任政治委员。

⑤1932年中央革命根据地肃反中，左权被诬陷参加过托派组织，因此受到留党察看的处分。当时他曾一再向党声明，亦无法为人所信，致使他长期忍受精神上的痛苦。但他遵守纪律，从未动摇过对党对革命事业的坚定信念，始终如一地为党的事业而奋斗着。

珍贵的遗产　不尽的思念

——写给亲爱的爸爸妈妈

60年来第一次给爸爸写信，桌前灯下，追思往事，心潮起伏，百感交集，满肚子的话不知从何说起。

爸爸，1940年8月，您为我们娘俩赴延安送行，特抱着我与妈妈合影留念。那张照片我一直珍藏着。看，在爸爸怀里的我笑得有多开心、多快活。出生不满一百天的小孩，哪里知道这竟是和您的生离死别呢！1942年5月25日，十字岭上日军一发罪恶的炮弹，夺走了您的生命。您的壮烈牺牲，震动了整个华北大地。太行山为您低头致哀，漳水河为您呜咽哭泣。而对我们娘俩来说，失去您，则是无法弥补的最大不幸。妈妈在其后很长的一段时间里，陷入了深深的悲哀之中。当时我这个年幼无知的小丫头，又怎能体会这种折柱塌天般的痛心呢！后来我长大成人，才渐渐懂得，这是给我一生留下的巨大空白和缺憾。养儿方知父母恩。我结婚成家并生儿育女后，才更加深刻地体会到，当初在战火纷飞的年代里，您和妈妈为我所付出的心血和艰辛！伴随我终身的，是对您和妈妈的永远的怀念。

爸爸，奶奶一直不知道您已血战捐躯的消息，大家都有意瞒着她。1949年夏天，人民解放军挥师湖南时，朱老总批示路过您家乡的部队要派人看望她老人家。当进入醴陵的部队高唱《左权将军之歌》，派人慰问奶奶时，才告诉她："左权没有回来，我们都是您的儿子。"奶奶颤颤巍巍地摸出了一个布包，里面有1942年9月周恩来伯伯委托秘书钱之光从八路军驻重庆办事处寄来抚恤款时的书信，有1949年3月叶剑英伯伯设法由香港转道所寄的一个金戒指和一两黄金。1949年12月，84

左权一家人

岁的奶奶病逝，湖南省和醴陵县的党政军领导人及各界代表亲临送葬。她盼到了抗战胜利，看到了祖国解放，并乐以终身。生育了您这样一位革命将领，劳累受苦一辈子的奶奶，得到了人们的爱戴和尊敬。

爸爸，您走了以后，党组织和妈妈对我非常关心。我在延安保育院长大。新中国成立后被送进北京八一小学、北京师大女附中读书，1960年被保送入哈尔滨军事工程学院学习。1952年6月1日，我曾和八一小学的同学代表少先队员到中南海向毛主席敬献鲜花，并和毛主席一起照了相。周恩来伯伯在北京初次见我时勉励说："你是左权将军的女儿北北吗？长得挺像你爸爸，一定要向你爸爸学习！"一段时间，我住在彭德怀伯伯家里，他和浦安修阿姨待我可好呢！政府发给每月20元抚养费，他们都替我存着，直到1962年才亲手交给了我。有一次，彭伯伯回忆起您，深情地对我说："你爸爸一定知道，那次敌人打的第一颗炮弹是试探性的，第二颗炮弹准会跟着来，躲避一下还是来得及的。可你爸爸为什么没有躲避呢？要知道，当时的十字岭上正集合着无数的同志和马匹，你爸爸不可能丢下部下，自己先冲出去。他是死于自己的职守，死于自己的岗位，死于对革命队伍的无限忠诚啊！"这些年来，每当我在生活、学习和工作中遇到困难的时候，只要一想起您在那频繁战斗的环境里，仍然刻苦顽强地学习、不知疲倦地工作和英勇沉着地指挥作战的情形，我就有了克服困难的信心与力量。1965年我从哈军工毕业，先后在国家经委、国家计委、航空航天部等单位从事国防工业建设工作。如今我已退休。您的一个外孙和孙女都已成家立业，生活幸福美满。我们深深懂得，今天的幸福日子，都是您和那个时代的先驱者们用鲜血和生命换来的呀！

1982年5月，妈妈把3份历史珍宝慎重地传交给了我，其中有您写给妈妈的11封信。在这之前，我不知道有这些信。多少次我泪流满面地看着这些信，多少回我睡梦中高兴地见到了

1952年儿童节，毛泽东在中南海接见左权女儿左太北时合影。

您。听妈妈讲，我于1940年5月出生于八路军总部医院，您骑马把妈妈和我接回八路军总部驻地——山西武乡砖壁村。3个月后百团大战拉开了序幕，您送妈妈和我回延安。在这分别后的21个月里，您给妈妈写了11封信(可惜还有一封信遗失了)。从中我真切地体味到您对我们娘俩的挚爱，真是催人泪下！每一封信里都问到北北的情况：夏天，您给小太北带来热天穿的小衣服；冬天，您记挂着小家伙很怕冷，是否冻坏了手脚；儿童节快到了，您想着我“忙碌的准备”、“可能出席比赛”、“还可能获得锦标”；北北病了，您焦急地反复说“急性痢疾是极危险的”，“有了病必须找医生”，急切地询问病后恢复情形如何？您盼着孩儿快快长大、懂事，知道她的爸爸在遥远的华北与敌战斗着……您在敌后十分艰苦的战争环境下，最大努力地尽到了做父亲的责任。您对妈妈的关心体贴，是那样的至深至微：“自北北在你的肚子里慢慢长大，出世，直到现在，我深感做妈妈的艰难，过去没有经验，看得太简单，现在懂得了，母亲为自己的爱子爱女实在牺牲得太多了。”您在牺牲前3天的最后一封信中，放心不下的还是我们娘俩，“我担心着你及北北，你入学后望能好好的恢复身体，有暇时多去看看太北，小孩子极须人照顾的。”真是河深海深，比不过父母亲的恩情深！爸爸，您的这11封信，是我今生今世最最珍贵的宝物。

您的这些信穿过历史的风雨烟云，字里行间充满了对日本侵略军罪行的揭露和控诉。爸爸，您一定记得您写的这些话：“敌人的政策是企图变我根据地为一片焦土，见人便杀，见屋便烧，见粮食便毁，见牲畜便打，虽僻野山沟都遭受了损失，整个太北除冀西一角较好外，统均烧毁，其状极惨。”“敌人新的花样就是放毒，在军队指挥机关驻地，在某些政权机关及某些群众家里布满糜烂性毒质”。“因为毒伤老百姓很死了一些人，伤的很多。”“大章同志的孩子寄养在群众家中，亦不幸遭万恶的鬼子连同奶妈一齐枪杀了。听说该小孩被鬼子打了一枪后，痛苦了好几个钟头才死，真是可怜。”……一封封信，一桩桩事，都是日本侵华战争给中国人民造成空前浩劫的铮铮铁证。然而，近些年来，在和平与发展的时代大势下，日本国内右翼社会思潮却逐步蔓延，企图通过参拜靖国神社、修改历史教科书、否定南京大屠杀等行径，掩盖给中国和其他亚洲各国人民带来深重灾难的侵略历史。历史不容歪曲，警钟必须长鸣！

爸爸，您为功勋卓著的抗日名将。周恩来伯伯称您是“有理论修养同时有实践经验的军事家”；朱德伯伯赞誉您“在军事理论、战略战术、军事建设、参谋工作、后勤工作等方面，有极其丰富与辉煌的建树，是中国军事界不可多得的人才。”这方面见诸于书刊已经比较多了。但是有关您的婚姻和家庭生活情况还鲜为人知。您忠于民族和人民的解放事业，不管如何困难复杂的任务，也不管如何艰苦险恶的环境，对于工作，夜以继日，兢兢业业，从不推辞，勇往直前。您在生活上艰苦朴实，同士兵一样吃穿，抗战时期每月领5块钱的津贴，没有一点私积，没有任何财产，从不为私人作任何打算，直到34岁才结婚。这些家书从一个侧面反映了您的高贵品质。正如您信中所写，“我牺牲了我的一切幸福为我的事业来奋斗，请你相信这一道路得光明的，伟大的”；“在我俩分别的过程中，我并非不感寂寞、孤单，有时更极想有人安慰，但我决不以满足我之私欲来处理你的问题，我想这是夫妻间应有的态度”；“远隔千里，身处敌后确是‘爱莫能助’，你当能谅我。恳切地希望你为我及北北珍重自己的身体及自己的一切”。您的女儿看这些信时，已经42岁了，对信中涉及的您和妈妈的“小矛盾”，自然非常理解。当时妈妈只有23岁，是个热血青年，极不愿意为丈夫、孩子及个人私事影响自己的进步。她因刚到延安又要养育我而不能恢复学习和工作，心情有时不太好，给您写信说了些气话。对此，您对妈妈很体谅，总是耐心地启发开导她。

左太北

您对理想如此坚定，对家庭这样负责，又常以不能更多地帮助妈妈而难过不安。您的革命精神和道德情操，足以为后人之楷模。正如著名哲学家培根所说："一切真正的伟大的人物(无论是古人、今人，只要是其英名永铭于人类记忆中的)，没有一个是因爱情而发狂的人。因为伟大的事业抑制了这种软弱的感情。"

爸爸，您为之奋斗并献身的事业，已经取得了根本性的胜利。21世纪之初的中国，正迈步在社会主义现代化建设的大道上。您的家书，对于弘扬民族精神和革命精神，形成良好的社会道德风尚，促进祖国的现代化建设，无疑是很有意义的。因此，我决定将这些珍贵的家书献出，汇编成书，公之于众，使其成为我们社会共同的精神财富。妈妈于1992年作古已近十年。这个决定我征询过几位家人的意见，他们极表理解和支持，相信九泉之下的爸爸和妈妈也一定会同意女儿这样做的。

愿以此寄托我对你们深深的无限思念。

女儿：太北

2001年12月

左权将军小传

姚仁隽

著名作家刘白羽在60年纪念左权同志时，这样告诉我们：

“记得是1939年春天，我认识了左权同志。他是一个十分有军人风度的人，在他微黑的脸上有两只锐利的眼睛。他很沉默，他沉默地闭着嘴巴是他那坚定性格的特征。他身体是结实的，战争以及一切繁忙，仿佛是丝毫不能动摇他、影响他的。不管在哪里，他的腰永远挺得直直的。走起路来，迈着沉着、严正的步伐。讲话时，用沉着而果敢的音调。我在总司令部看到他，这第一次的印象：他是沉默严肃的。”

“在这掌握半个中国战场的八路军总指挥部里，左权同志的的确确是最繁忙的人。除了重大的事由朱总司令决定之外，一般工作都是他处理。在他的工作岗位——参谋长——上说，他是最适当不过了。我想这是由于一生军事工作，培养锻炼出这样一个人；这个人和他的革命工作融为一体，就是性格上也有着工作磨炼出来的显著的特点；左权同志的细心，负责，经常的积极性，沉着，理智，再加上他的军事理论修养，作战经验，指挥能力，是我们部队参谋工作中不可多得的人才。”

左权，是中国工农红军和八路军的高级指挥员，是有理论修养同时又是实践经验的军事家。他早年习军事于广州陆军讲武学校和黄埔军校，后留学于莫斯科中山大学和伏龙芝军事学院，是位“科班出身”的正规军人。回国后，他从中央苏区到万里长征，从会师陕北到敌后抗战，直到血染太行山，未曾一日离开过人民军队。他全身心地投入中华民族的解放事业，为人民军队的发展、为抗日战争的胜利作出了巨大贡献。左权的一生，是革命的一生，是战斗的一生，是光辉的一生。

一

1905年3月15日（农历二月初十），左权出生在湖南省醴陵县平桥乡黄茅岭的一个贫苦农民家庭。父亲左兆新，母亲张氏，都是佃农。左权奶名自林，在左家属“纪”字辈，原名左纪权，号叔仁。1924年到广州参加革命后，他把姓名中的“纪”字去掉，于是就叫左权了。

左权有三个哥哥和一个姐姐。大哥育林，姐姐毓春居次，二哥纪棠从小过继给叔叔左铭三为子，三哥应林，左权排行最后，是满伢子。第二年，一岁多的左权刚牙牙学语时，年仅31岁的父亲便在贫困交加中与世长辞。1907年操劳一辈子的爷爷因丧子悲痛，心情郁闷，跟着也去世了。当时左权的大哥才9岁，家庭生活的全副重担都落在了母亲身上。

母亲是一位性格坚强、吃苦耐劳的农村妇女。自从丈夫和公公相继离开人世，她更是含辛茹苦，拼死拼活地支撑这个家庭。她携儿拖女，起早贪黑，白天从事田间劳动，晚上纺纱织布到深夜，勉强维持一家人的生活。每到青黄不接之时，常以野菜充饥，不得已时，还要怀抱左权外出四乡乞讨。穷人的孩子懂事早，左权很小就开始拾柴禾、打猪草、放牛、喂猪，帮着家里干活，后来又跟着伙伴们学会了抓鱼，换些零钱贴补家用。母亲不识字，不善言辞，但有一颗善良的心，有一双勤劳的手。尽管自己家境异常困苦，她仍乐于帮助和周济穷人，家邻四舍多有称道。苦水里长大的左权，在母亲的言传身教之下，从小养成了同情穷苦人民的感情和敬老爱幼、乐于助人的品德。

1913年，8岁的左权开始在村里的私塾读书，念《三字经》、《论语》、《孟子》等。两年后村里办起国民小学堂，他进校读上新学。放学回家，他仍和过去一样想方设法帮家里干活，还抽空多捞点鱼，到镇上卖钱以充学费。1916年醴陵一带闹春荒，家里无米下锅，12岁的应林到外婆家借粮，因饥饿无力滑进水塘而淹死。有钱人春荒囤粮卖高价，穷人家没吃饿肚皮，世道实在不公平。三哥的惨死，给左权幼小的心灵刻下了深深的伤痕。

在叔父左铭三等亲友的资助下，1921年夏天左权读完北联高等小学，考入了醴陵县立中学。这时，五四运动的新文化、新思想已经传到学校。左权积极参加进步学生组织——社会科学研究社的活动，如饥似渴地阅读《马克思主义浅说》、《新青年》、《向导》等进步书刊，经常和同学探讨各种社会问题，开始接受革命思想。他说："创造社会农人有责，改造社会农人亦有责，我是农人子弟，其责任更重大。"

1924年3月，左权考入孙中山的建国陆海军大元帅府军政部在广州主办的陆军讲武学校。在这里，他学习非常用功，区队长很赏识，每逢操练时，经常让左权给大家做示范动作。同年11月，左权随讲武学校的学生参加广州平定商团叛乱的战斗以后，被转入黄埔军校第一期，进行了一段时间的实习训练。不久，他被选为黄埔军校青年军人联合会的负责人，同该校国民党右派组织孙文主义学会展开了斗争。1925年2月，左权经学友陈赓等介绍，加入了中国共产党。是月，他于黄埔军校毕业，随即参加讨伐军阀陈炯明的第一次东征，分配在教导团任排长。因作战勇敢，初立战功，升为连长。后回师广州，参加了平定军阀杨希闵、刘震寰叛乱。不久，调到以程潜为总司令、林伯渠为党代表的攻鄂军司令部卫队营当连长，又参加了第二次东征。左权经过讲武学校和黄埔军校严格的军事训练，特别是黄埔军校浓厚政治空气的熏陶，多次随军东征西战，经历了磨炼，军事素质和政治素质都有了很大提高。此时，他已经成长为一名有着革命信念的共产党员和有着多次作战经验的军事指挥员了。

这年11月，左权被选送到苏联学习。出国前，左权特地上街拍了张相片，寄回老家，照片背后写着"赴俄留别羊城摄影"。原本因为他在学习和战斗中表现突出，被保送入莫斯科伏龙芝军事学院学习军事，由于进军事学院必须懂俄文，就先到了中山大学。左权和邓小平、俞秀松、朱瑞等被编入第一期7班。学习的课程主要有俄语、列宁主义、政治经济学、唯物史观和历史，包括社会发展史、中国革命史、俄国革命史等。留学前，左权从未接触过俄语。为了攻读俄语，他每天都起得比别人早，成百上千次练习发音；晚上熄灯后独自在走廊路灯下背单词。邓小平曾在法国留学有法文底子，掌握俄语比较快，左权常常向他讨教。经过一段时间的刻苦努力，左权逐渐闯过了俄语关，能直接听懂苏联教员讲课，也能阅读俄文书刊了。他除了学好各种必修课程外，还抓紧时间读了不少马克思、恩格斯、列宁、斯大林的著作。

1928年秋他从中山大学毕业后，进入伏龙芝军事学院学习。正巧刘伯承也从上海来此留学，和左权编在一个班。早在国内，左权就听说过刘伯承是川军的著名将领，英勇善战。很快，他俩都感到志同道合，性格、脾气合得来，结成了亲密无间的好友，一起学习军事知识，共同探讨革命理论，相互取长补短。军事学院开设的课程主要有战略学、战术学、战史，包括第一次世界大战史和苏联国内革命战争史，还有军事地理学等。左权的学习更为系统、深入了，无论是课堂学习、图上作业，还是野外演习，他都非常扎实，一丝不苟，自觉培养军人应有的严谨作风。学院在高加索地区进行战术作业时，战术指导员器重其谨慎厚道，常称扬于同学中。四年多时间的留苏学习，对左权的一生起着十分重要的作用。他勤奋刻苦，博闻强识，掌握了丰富的军事理论知识，为在中国革命战争中贡献自己的力量奠定了厚实的基础。这几年他还进一步养成了勤学苦读的习惯。也可以说，他的一生就是虚心好学、刻苦攻读的一生。

二

1930年春，左权奉命提前毕业，调回国内。6月到达上海后，中共中央分配他到中央革命根据地的工农红军中工作。离开上海前，左权把从苏联带回的一箱书托寄湖南醴陵老家，并给家里写了一封信。信中写道："我虽回国，却恐十年不能回家，老母赡养，托于长兄，我将全力贡献革命。"9月左权由厦门经漳州进入闽西革命根据地。当时正值中国工农红军军官学校第一分校（闽西分校）创办，他被任命为学校教育长。11月闽西工农革命委员会成立，他被选为常委。12月，红20军和红21军合编为闽西新12军，左权任军长。随后他指挥新12军和闽西地方赤卫队，展开游击战，配合中央革命根据地第一次反"围剿"斗争。

1931年2月，左权被调到红一方面军总司令部当作战参谋，6月升任参谋处长，先后参加了第二、第三次反"围剿"作战中的军事指挥工作。12月，左权和王稼祥、刘伯坚作为中央革命军事委员会的代表，被派到宁都附近的固厚，负责宁都暴动的联络指挥。国民党军第26路军1.7万余名官兵起义成功后，改编为中国工农红军第五军团，左权任第15军政委，后任军长兼政委。针对起义部队的情况，他努力贯彻古田会议决议精神，坚持工农红军的建军原则和带兵方法，深入教育部队，抓紧党的建设，建立民主制度，实行官兵平等，废除打骂体罚制度，很快使干部战士面貌焕然一新，部队战斗力有了新的提高。随后，率部参加赣州和东路军入闽作战。漳州一役，红军速战速决大获全胜，充分说明了红15军已经成为红军中的主力部队，成了革命战争中的一把"利刃"。左权先谋而战，指挥若定，初步显示了优秀的军事才能。

中共六届四中全会以后，王明"左"倾机会主义者把持了党中央的领导权。他们在组织上推行宗派主义干部政策，大搞肃反扩大化。1932年6月，当左权率红15军从闽西回师赣南时，"左"倾机会主义者捕风捉影、无中生有地怀疑左权在莫斯科中山大学学习期间，参加过托派组织。左权受到留党察看处分，被撤销红15军军长兼政委的职务，调到瑞金工农红军学校当军事教官。他虽然蒙受了不白之冤，但仍以一个共产党员的坦白胸怀，对党的事业忠心耿耿，忍辱负重，兢兢业业地工作着、战斗着。

有难思良将。由于战事需要，左权于1933年初被调到中央革命军事委员会第一局（即作战局）任参谋，参加了第四次反“围剿”。2月，军委决定集中红军主力，采取声东击西、大兵团伏击的作战方针，选择有利地形发起黄陂战斗。左权奉派召集师长、团长研究作战方案，并一起到登仙桥、大龙坪、蛟湖、霍源一带的崇山密林中勘察地形，确定伏击阵地，部署兵力、火力，十分精细周密。“围剿”之敌第52、第59师竟毫无知觉地钻进红军预先设置的“口袋”之中，经过两天激战，红军歼敌近两个师，活捉师长李明和陈时骥，俘虏达万余人。同年5月起，左权先后任中革军委第一局副局长、代局长、局长。

在中央革命根据地第五次反“围剿”开始不久，毛泽东等提议，中革军委于12月任命左权为红一军团参谋长。此后的9个月时间里，红军连续进行了邱家隘、凤翔峰、三溪圩、新桥、广昌、建宁、古龙冈、温坊等战斗，由于“左”倾冒险主义的错误领导，多数仗都未打好，部队遭受重大伤亡，并一直处在作战行军之中，斗争极为艰苦。工作纷繁多绪，左权把全部身心投入在工作上，即使在梦中也还想着指挥战斗。有人写过一首诗，生动记叙了左权这段时间战斗生活的情景：“……你倦极了，清醒的神志到底抵不过过度的疲劳，电话还未讲完你又昏睡过去。不到几秒钟你又醒来，电话，一次再次的电话。过度的烦劳使你好说梦话，你的梦话我常听到，你所说的句句都是战斗的安排。”

1934年10月，中央红军主力开始了千难万险的长征。左权参与指挥红一军团担任左翼前卫，连续突破敌人四道封锁线。湘江战役是中央红军离开中央革命根据地以来最为壮烈的一仗。为保证中共中央、中革军委和直属机关渡过湘江，红一军团指战员在觉山铺附近的米花山、美女梳头岭、黄帝岭一带和敌人展开了生死搏斗。左权密切注视战场形势变化，及时调整战斗部署，还不断深入前沿阵地，鼓舞士气。经过两天的浴血奋战，终于完成了掩护领导机关安全渡江的任务。但是部队付出了惨重的代价。左权看到阵地上大批红军战士牺牲，痛苦之情到了极点。

在此危急时刻，毛泽东力主放弃原定中央红军与红2、6军团会合的计划，改向力量薄弱的贵州前进。12月18日中共中央政治局在黔东黎平召开会议，接受了毛泽东的主张，决定中央红军转向以遵义为中心的黔边地区，从而避免了覆灭的危险。12月25日中革军委指示，在军团长林彪和政委聂荣臻到达之前，攻占贵州施秉城的战斗由左权参谋长统一指挥。左权运用奇袭取胜的战术，果断命令军团侦察科长带领侦察排和便衣班，不顾连续长途行军的疲劳，冒雨奔袭，乘敌不备，突然袭击，打垮敌军一个营，先机占领施秉城，保证了红军大部队顺利通过。接着，左权又协助指挥红一军团强渡乌江，进占黔北重镇遵义。

具有伟大历史意义的遵义会议，总结了第五次反“围剿”以来的教训，纠正了党的错误的军事路线，确立了毛泽东在红军和全党的领导地位，挽救了红军，挽救了中国革命。左权真心拥护，激动地对聂荣臻政委说：“这回可好了，毛主席重新回到了红军和党中央领导岗位上，中国革命有希望了！”遵义会议之后，中央红军在毛泽东等指挥下，大踏步机动作战，声东击西、穿插迂回，不断调动敌人。部队天天急行军，自然十分疲劳。作为军团参谋长的左权，繁忙和劳累可想而知，但他的心情却很舒畅。四渡赤水、再占遵义、兵临贵阳、佯攻昆明、巧渡金沙江，中央红军摆脱了数十万敌军的围追堵截，取得了战略转移中具有决定意义的伟大胜利。左权常和战友们谈起这些，深感毛泽东的军事指挥艺术实在高超。

1935年5月，红军到达泸沽，准备抢渡大渡河。左权接受了红军总参谋长刘伯承布置的佯动任务。他和红二师政委率第五团及师侦察连携电台走大道，一天赶路150里，长途奔袭登相营和小相岭，消灭隘口守敌，攻占越嶲（今越西）县城，又迅猛前出占领大树堡渡口，组织部队修筑工事、筹备粮草、砍集竹木、扎筏造船，造成渡河攻打当面富林之敌的态势，从而迷惑和牵制敌人，策应红军主力在安顺场渡河成功。

部队强渡大渡河后略作休整，开始爬雪山。此时，左权的身体一直不太好，多次带病召开干部会议，耐心细致地做思想工作。上夹金山那天，他披着毯子、拄着拐棍，一步一喘地向上攀登，和大家手拉手，勇敢顽强地翻越了大雪山。部队在懋功达维镇和红四方面军的同志会合后，军委决定将红1军团改编番号为第一军，左权任军参谋长。不久红一军被编入右路军，奉命过草地，经班佑地区北上。中共中央、中革军委和毛泽东、周恩来等随右路军行动。左权一再向部队强调：我们要坚决保卫党中央和中央首长安全渡过草地，进入甘陕，北上抗日。过草地时红一军为先头部队，他亲尝百草，和指战员们一起找到30多种野草野蘑充饥。经过六个艰难的日日夜夜，大家顶风雨，战严寒，忍饥受冻，艰苦跋涉，终于走出了茫茫大草地。

9月12日，党中央将部队改编为中国工农红军陕甘支队，第一军即为第一纵队，左权任纵队参谋长。随后，他参与指挥部队突破天险腊子口、在六盘山青石嘴消灭敌人骑兵2个连、在吴起镇打垮国民党军骑兵3个团、在直罗镇战役中围歼敌第109师等部5300余人。长征结束后，中央红军和陕北红军会合，宣布恢复红一方面军番号，左权继任第一军团参谋长。直罗镇战役的胜利，为中共中央把全国革命大本营放在西北举行了奠基礼。

1936年2月，东征战役开始。左权参与指挥部队从绥德沟口附近突破河防强渡黄河成功后，又在中阳关上村和孝义兑九峪打了两个胜仗，占住了黄河以东阵地。后奉命率部沿同蒲铁路南下临汾一带，广泛发动群众，开展抗日宣传，扩充红军队伍。一个多月时间，红一军团兵力增加了8000多人，还筹集了大批粮款和作战物资。5月东征红军回师陕北，中共中央决定左权任红一军团代理军团长兼参谋长。左权和政委聂荣臻率红一军团随即参加西征战役，指挥曲子阜城战斗取得胜利，狠狠打击马鸿宾部，继而西进到达固原地区，扩大了陕甘宁苏区。7月下旬，红一军团召开党员代表大会，左权在会上讲话指出：西征两个多月来，我们扩大了苏区，壮大了实力；同时我们正在积极做争取东北军的统战工作，以推动抗日民族统一战线的形成。“九一八”事变五周年那天，红一军团与东北军骑兵第六师秘密达成停战协议。

同年10月，红军三大主力第一、第二、第四方面军在甘肃会宁、静宁地区胜利会师。11月军委决定发起山城堡战役，战役指挥由红军前敌总指挥兼政委彭德怀担任，参加作战的红军各部队由红一军团统一指挥。这是三大红军主力会师后第一次联合作战，对于稳定和发展西北苏区的局势至关重要，左权深感肩上的担子很重。他周密筹划，反复谋虑，提出作战部署后，又听取了团以上干部会议的意见。11月21日晚，左权和聂荣臻指挥红一军团、红十五军团和红二、红四方面军一部对被围山城堡之敌主动发起总攻，发挥夜战、近战的等特长战术，至22日9时即大获全胜，歼敌一个多旅。从而大振了红军军威，稳定了陕北战局，使国民党军不敢轻举妄动，也使张学良、杨虎城将军更加坚定了与红军携手抗日的决心。对此，刘伯承曾给予很高的评价："左权同志部署作战，是细致周密的，1936年双十二事变前夜的陕北山城堡战斗，就是一个范例。"

张学良、杨虎城将军发动"兵谏"，蒋介石被抓的消息，左权和聂荣臻是在12月14日晚上接到彭总的电话才知道的，那一夜他们高兴得没有再睡觉。随后，根据中央的指示，左、聂率红一军团由环县地区迅速南下向西安附近挺进，配合东北军和西北军准备迎击亲日派军队的进攻。由于形势需要，应杨虎城将军的邀请，左权奉派前往西安视察城防部署和保卫工作。他和时任警备第二旅旅长兼西安城防司令的孔从洲一起乘车巡视城防，仔细察看城内城外地形，了解兵力、装备情况，审查修改防卫计划，进行了周密的部署。孔从洲后来回忆此事时感慨地说："前后五十天之久，我日夜在异常紧张之中度过，所幸尚未发生什么事件。这和左权的帮助是分不开的。"

在西安红军联络处，左权还意外地遇到儿时一起玩耍的同村人匡金美，向他打听了一些家乡和亲友的情况，嘱他写家信时代告一声自己的消息。

西安事变和平解决，国内和平基本实现，红军开始了加强部队建设，准备直接对日作战的新阶段。1937年2月15日，中革军委任命左权为红军前敌总指挥部参谋长。他立即深入驻地周围部队熟悉和了解各方面情况，协助总指挥彭德怀和总政委任弼时对部队加强形势政策教育，抓紧补充扩员和休整，进行有计划、有步骤的军事训练，开展军、政、文、体相结合的竞赛活动。部队经过近半年时间紧张的军政训练，军政素质和体质都得到了增强，为出师抗日作了有效的准备。

三

1937年7月7日卢沟桥事变爆发，日本帝国主义发动了全面侵华战争。8月，中国工农红军改编为国民革命军第八路军，左权被任命为八路军副参谋长。从此，他随朱德总司令、彭德怀副总司令率部东渡黄河，挺进华北敌后开展独立的游击战争，创建敌后抗日根据地，发展和壮大人民抗日武装力量。他一直是朱德和彭德怀运筹帷幄、统率军队和指挥作战的得力助手，辅佐朱、彭成功地组织了许多重大战役行动。中共中央、中央军委和部队及其他领导，在给八路军总部行文发电时，常常把朱德、彭德怀和左权的名字联在一起，称之为“朱彭左”；八路军总部对所属部队发出命令指示，也往往以“朱彭左”联名签署。因此，“朱彭左”便成了八路军总部的代称。

9月6日，左权随朱德、彭德怀等率八路军总部从陕西泾阳云阳镇出发，15日在韩城芝川镇渡过黄河。不久前他先后收到同村老乡匡金美和叔父左铭三的来信，始知大哥育林已于1933年患肺病去世。由于工作实在太忙尚未顾及回复，18日住宿稷山的那天晚上，左权坐在灯下给叔父写了封回信。信中指出，中国人民的抗日战争是自卫应战，必然要持久下去，也只有持久才能取得抗战的胜利。同时抒发了自己为抗战事业而奋斗的崇高抱负：“我牺牲了我的一切幸福为我的事业来奋斗，请相信这一道路是光明的，伟大的，愿以我的成功的事业报你与母亲对我的恩爱。”12月3日八路军总部于洪洞县时，左权在行军和战事间隙，又给母亲写了封信，表达对母亲时刻思念之情的同时，还无比愤怒地控诉了日本侵略军的罪行，并表示：我们决心与华北人民共甘苦、共生死，不管敌人怎样进攻，我们准备不回到黄河南岸来，我们是要坚持到底的！

正当八路军各军健儿迅速奔赴华北抗日前线的时候，日军已于9月中旬轻取大同、蔚县，开始分兵向太原方向推进。八路军总部根据中央军委指示，以民族利益为重，决定援助内长城防线阎锡山部守军作战。9月23日，左权协助朱、彭指示等一一五师召开紧急干部会议，部署作战行动，并要求派部分营以上干部火速到平型关前线实地勘察地形。9月25日便传来平型关首战获胜，歼灭日军精锐1000余人的喜讯。左权高兴地说，这次战斗创造了自抗战以来第一次最大的胜利，也是八路军出师后胜利的序幕。接着，在朱、彭正副总司令及左权的指挥下，一二九师部队夜袭阳明堡机场、一二零师部队雁门关伏击战连连获胜。频频传捷，给“亡国论”、“恐日病”者以当头一棒，给华北军民乃至全国人民以极大的振奋和胜利的信心。

11月7日，八路军总部在和顺石拐镇召开会议，传达学习毛泽东关于创建以太行山为依托的晋冀豫抗日根据地的重要指示，具体部署了开展游击战争的任务和部队的战略展开。左权一面协助朱、彭指挥部队组建游击支队，进到平汉、正太路沿线，开展游击作战，打击南犯的日军；一面从司令部所属各单位抽调干部，参加总部民运工作队和一二九师组织的八路军工作团，迅速分散到太行山区发动群众，建立民主政权，进行开辟晋东南抗日根据地的各项工作。

1938年2月下旬，八路军总部向晋东南转移到安泽古县镇时，正赶上日军兵分三路进犯临汾地区。途中与日军3000余人遭遇，总部身边仅有两个警卫连队，敌我力量悬殊，情况十分紧急。左权根据朱总司令“一打二拖”的指示，亲自察看地形，从容指挥两连兵力凭借有利地形，前堵后拖，以少胜多，并亲自带领一个骑兵班直接参战，硬是缠住敌人打了三天，歼敌200余人，完成了掩护总部安全转移和临汾至府城群众撤退的任务。

4月初，日军以三万余兵力分九路向晋东南根据地扑来，妄图消灭八路军主力，吃掉我指挥首脑机关。在研究如何粉碎敌人九路围

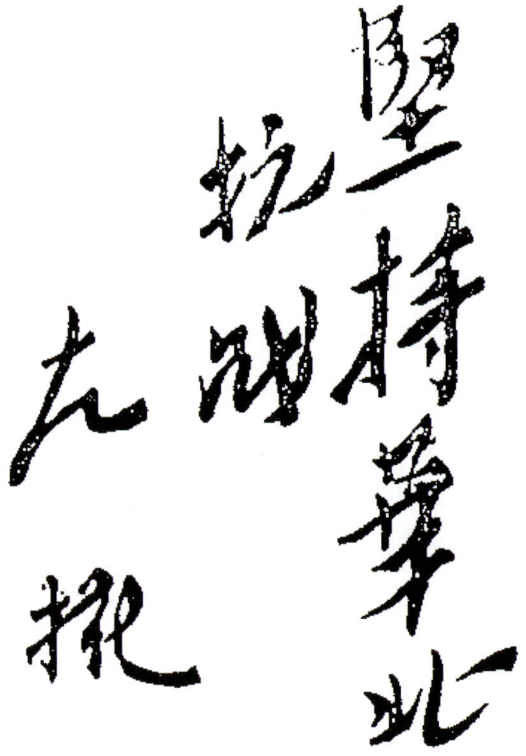

左权为抗日战士的题词

攻时，左权提出按毛泽东关于运动战的战略战术，变内线为外线，变被动为主动，在运动中打破日军九路围攻的意见，得到了朱、彭的同意，决定以一部分兵力在内线开展游击战，发动群众坚壁清野，消耗疲惫各路敌人；主力跳出合围圈，转到外线涉县以北地区待机歼敌。左权按照首长决心，周密制定作战计划，部署部队行动，并参与指挥寻机打击日军主要的一路。4月15日，日军3000余人北犯榆社扑空，兵疲意沮，连夜经武乡沿蟠武公路东撤。长乐村位于浊漳河上游，两岸高山陡峭，谷底河流湍急，蟠武公路沿河北岸的山脚蜿蜒而过，是截击敌人的天然“大口袋”。总部和第一二九师抓住有利时机，果断下令，以四个主力团迅速发起追击，在运动中歼敌。16日晨，我在敌两侧平行追击的部队超越敌人，在长乐村将敌大部截住，并突然发起攻击。敌人的长龙被斩为数段，各部队勇猛冲向敌群展开激烈搏斗。战至14时，全歼被围日军2200余人。长乐村大捷后，各路敌军纷纷撤退。我军乘胜追击，连克沁县、辽县、黎城，收复18座县城，九路围攻被彻底粉碎。以太行山为依托的晋东南抗日根据地得到进一步巩固和扩大，并为尔后向冀南、豫北平原发展创造了有利条件。

同年5月，毛泽东发表《抗日游击战争的战略问题》一文，接着又在延安抗日战争研究会上发表了《论持久战》讲演。这两篇重要军事著作先后在《解放》周刊上登载后，左权挤时间细心阅读，认真研究。他联系华北敌后的抗战实际，撰写了许多阐述毛泽东持久抗战思想的文章，用以指导华北抗战。在八路军总部召开的“七七”抗战一周年纪念大会和其他的一些会议上，左权多次发言，指出：在中日战争中，我们有防御中的进攻，有持久中的速决，有外线中的内线等各种斗争方法，这一切都是辩证法在实际战争中的应用；毛泽东同志《论持久战》，便是把辩证法应用到中日战争中的成熟的天才佳品。对于敌方的战术、策略，左权也主张深入研究。一本在广阳战斗中缴获的日本侵略军支那驻屯司令部参谋处编印的《华北战术之参考》被送到左权手里，他看后觉得挺有意思，专门请人把它翻译出来，刊登在八路军总部《战术研究材料》上，并亲自写了前言，指出：“这对坚持华北抗战的中国军队是有研究必要的。”

随着八路军在华北敌后作战的胜利和敌后抗日根据地的开辟，大批热血青年不断涌入部队，队伍一天天壮大起来。可是由于战事频繁，没有来得及整顿，部队在教育训练、日常生活的计划性和组织纪律性方面都有一些问题。左权和总部的领导同志研究后，决定在晋东南部队中掀起整军的热潮。他指示：“我们的部队必须利用敌人‘扫荡’中的间隙，整顿我们自己的阵营，提高我们的质量。”他撰写发表了《新战士的军事教育》文章，认为迅速训练大批新战士是中国人民抗日战争夺取胜利的最紧迫、最重要的战略任务，系统论述了对新战士进行军事教育的任务、原则、方法和对教育人员的要求。

同时，左权着手起草了八路军各级司令部（师、旅、团）暂行工作条例。从当时部队的实际情况和需要出发，参照苏联红军的参谋业务，提出八路军要建立和健全司令部各业务部门的机构，并明确职责，严格要求。是年冬天在潞城县北村，他主持召开了晋东南部队参谋长会议，就参谋工作作了重要讲话。会议总结了八路军司令部工作的经验，通过了工作条例，制定了工作规划，为我军司令部建设的制度化、正规化打下了良好的基础。

这年12月，中央军委决定在晋东南成立八路军前方指挥部，朱德、彭德怀任正副总指挥，左权任参谋长。不久，左权和朱、彭等署名签发了关于整军计划的训令。为提高部队的战斗力和执行纪律的自觉性，特别是提高各级干部的军事、政治、文化水平，训令规定分期整训部队，每期三个月，第一期先整训30个团。在整军运动中，左权不仅狠抓了司令部门的基本建设，而且十分注意对部队进行政治思想和战术技术的训练。

从1939年1月至6月，左权连续在《新华日报》（华北版）上发表了八篇《半月来华北战况》或《一月来华北战局概况》。其间，他还撰写了《论坚持华北抗战》和《坚持华北抗战两年中之八路军》两篇重要军事论著，分别发表在《前线》和《群众》杂志上。他以大量事实和缜密的说理，阐明了坚持华北抗战的伟大意义，总结了19个月来坚持华北抗战的经验教训，分析了今后坚持华北抗战的困难和有利条件。左权运用马克思主义理论及时分析敌我双方的实际情况，善于从中找出规律性的东西，提出解决问题的方法，并提高到理论上加以阐明。这对部队正确贯彻执行党中央和毛泽东的战略方针，教育华北军民统一思想认识，鼓舞战斗士气，起了很大作用。

四

1939年4月16日，左权和刘志兰在八路军总部驻地潞城县北村结婚。刘志兰1917年生于北平，曾和彭德怀副总司令夫人浦安修一起在北平师范大学女附中读过书。参加过“一二九”学生爱国运动，是该校的组织者之一。1936年参加中华民族解放先锋队，投身革命工作。1937年2月加入中国共产党。曾任北平西城区“民先”区队区队长。抗日战争爆发后，她响应中国共产党抗日救国的号召，于同年10月带着14岁的弟弟志麟一起奔赴延安参加抗战，先在延安学习、工作，1939年2月参加中央巡视团到山西前线，后晋东南在中共中央北方局妇委会工作，和卓琳等一起在八路军总部附近举办妇女训练班讲演，鼓励大家在动员、宣传、组织妇女方面，紧密配合战争需要，做好参军参战和支前工作，并要求妇女干部在做好政治宣传工作的同时，要注意自身的军事学习，把两者很好地统一起来。刘志兰听过左权的讲演，和别人谈论时对左权很敬佩。朱总司令对于左权的婚事早就开始操心了，他感到左权把全部身心都扑在革命工作，34岁了还打光棍，该解决个人问题了。于是，他找刘志兰谈了一次话，有意向她介绍左权的情况后，笑着说：“打仗，我是总司令，你听我的，找对象，你是总司令，我听你的。不要以为是总司令当介绍人，就委曲求‘权’了。”朱老总风趣幽默地为他俩牵上了红线。

左权和刘志兰结婚以后，彼此互敬互爱，感情挺好。左权鼓励她努力工作，把自己锻炼成为党的好战士。刘志兰感到，在左权的身边有一种潜移默化的力量，使自己这个积极热情、幻想很多的青年，变得踏实起来，深沉起来，一方面能够开朗地去认识革命事业的伟大光荣，一方面又体验到了人生的意义。左权的全部生活都融入革命事业，虽然经常是冷静地、沉着地处理工作，但给人的却是一种不可摇撼的决心和燃烧的热情。左权在十分繁忙的工作中，也注意关心志兰。当她因怀孕身体不适的时候，左权每天黄昏休息的时间都去看望她，体贴安慰无微不至。次年5月，刘志兰在总部医院驻地土和村生了一个女孩，左权得讯十分欣喜。但由于整天忙于军务，孩子出生时，他也没有时间去看望，后来才骑马去医院将母子接回。彭德怀副总司令向左权建议："刘师长（指刘伯承）的孩子叫刘太行，我看是很有点纪念意义啊！你的小女孩叫左太北吧！"从此，北北的名字就叫开了。

抗日战争初期，在日军的疯狂进攻下，敌后抗日根据地遇到最大的困难，就是主力部队和地方武装的武器弹药供应严重不足。总部原有一个修械所，后来扩建成柳沟铁工厂。但是敌人一来"扫荡"，工人们只好背起工具箱跟着打游击。为了坚持持久抗战，也为了免受"背起工厂打游击"之苦，八路军总部研究决定自力更生创建黄崖洞兵工厂。朱老总自告奋勇地兼任工事委员会主任，指定左权兼副主任，具体负责组织实施。左权亲自爬山越岭，多方勘察，选定厂址后，又进行了认真调查，对厂房、仓库的防御工事包括明暗火力点、断溪堑壕等设施，都反复从军事角度加以研究，周密安排。1939年7月开工后，左权带领干部、战士、工人、民工一齐上阵，他不仅组织指挥工程建设，而且和大家一起抬土扛石、和泥拌灰、砌石奠基，样样都干。他经常和工人们促膝谈心，耐心询问他们有什么困难，了解情况，征求意见。休息的时候，他常给大家介绍苏联工人在布尔什维克党的领导下，利用旧铁制造武器弹药支援前方红军，打败帝国主义国家封锁和进攻的事迹，鼓舞大家的斗志。试制武器弹药的时候，他反复强调："要和工人多商量，再大的困难，只要依靠工人，发动群众，就能解决。"防御工事施工中，有的战士把同蒲路上扒来的小铁轨用来做碉堡支架，他看到后赶紧制止，说："阎老西（阎锡山）的土铁路不和平汉路、正太路的铁路一样，他那些小铁轨是铁不是钢，铁脆易断，建工事要误大事的，把它用来铸地雷壳吧！”经过半年的艰苦创业，黄崖洞兵工厂建设成了华北敌后抗日根据地规模最大军火生产工厂，有工人700多名，月生产新式步枪400多支、掷弹筒200多门，还有其他步枪、刺刀、子弹、地雷等，从而有力地支援了华北敌后各抗日根据地的斗争。刘伯承曾称赞：“各军在敌后抗战，主要是靠夺取敌人的武器以武装自己，但为了适应极端缺乏时之急需，左权同志曾艰苦经营太行山制造兵器的设施，起了相当的作用。”

从1938年底开始，“反共摩擦专家”张荫梧、石友三、朱怀冰等在蒋介石的密令下，不断挑起事端，向八路军华北各敌后抗日根据地进犯。1940年2月下旬，朱怀冰奉承蒋介石的旨意，带着一伙骑兵，来八路军总部“谈判”，声言要从八路军手里“收复失地”。朱德总司令和左权参谋长等以国家民族利益为重，接待了这位“摩擦专家”，并针锋相对地进行了唇枪舌战。朱老总严正斥道：“八路军的根据地是我们从日寇手里夺回来的，你们不是要地盘吗？地方有的是，你们去把日寇占领的广大沦陷区夺回来不就行了吗？如果你们要进攻我们的根据地，我们坚决自卫！”左权不慌不忙地把张荫梧公然奖励叛逆柴恩波；石友三与敌南宫特务机关长期来往，其弟石友信往返平津领取日寇旨意；朱怀冰挚友侯如镛部挂着“皇协军”臂章，在石家庄招摇过市；难兄难弟庞炳勋为伪军高德林、张英武部供给饷弹等，一桩桩、一件件事实全盘托出。最后，左权就朱怀冰部进攻磁县西贾村八路军驻地，杀害我指战员100多人，并抢掠大批军用物资事件，提出严重警告：“不要以为我们软弱可欺，忍让是有限度的，你们若一味进攻，我们则决不宽容！如果你们冥顽不化，一意孤行，制造摩擦，破坏团结，勾结日寇，趁火打劫，是绝对没有好下场的！”在铁的事实面前，朱怀冰张口结舌，理屈词穷，悻悻而退。

但是，朱怀冰自恃蒋介石密令，返回后立即指挥所部和石友三等部，在日寇配合下，加紧进犯太行、冀南抗日根据地。八路军总部为统一太南地区的作战指挥，成立了八路军第二纵队，由左权兼司令员、黄克诚任政委，令左权担任抗击朱怀冰部的前敌总指挥。3月初，左权率第二纵队配合刘伯承、邓小平指挥的129师部队迅速发起磁（县）武（安）涉（县）林（县）战役，仅四天时间，就干脆利索地歼灭了朱怀冰第97军主力两个师及其他反动游杂武装一万余人，朱怀冰本人负伤而逃。这一仗，不仅打退了国民党顽固派军队的进攻，而且扭转了敌、伪、顽三面夹击的严重局面，进一步巩固了太行山、冀南抗日根据地。

五

1940年夏，日本帝国主义乘英、法军队在西欧战场溃败，美国战备尚未完成之机，积极准备实行南进。在华北，日军大力推行以“铁路为柱，公路为链、碉堡为锁”的“囚笼政策”，把进攻矛头全面指向八路军，企图摧毁华北抗日根据地，以巩固其占领区。反顽斗争胜利后，根据地军民迫切要求集中力量打破日军日益加紧的封锁。八路军总部准备组织一次以正太铁路为重点的大规模破袭日军交通线战役。这年5月，朱德总司令已离开太行山返回延安，彭德怀和左权具体策划和指挥了这次重要战役。他们常常在作战室墙上正太铁路的地形图前凝视、沉思，聚精会神地翻阅敌情资料，部署兵力，研究怎样有效地破袭交通线上的铁路、桥梁、隧道、车站。受彭副总司令的委托，左权两次从总部驻地到一二九师师部和刘伯承、邓小平等商谈正太铁路的破袭战问题，取得共识，并带回了一些好的建议。

7月22日，八路军总部下达发现大规模破袭正太路战役的预备命令，同时报告了中央军委。预令要求直接参加正太线作战的兵力不少于22个团，于8月10日前完成侦察、器材、部队调动等准备。左权周密细致地领导了这次战役的组织计划工作。8月20日晚，破袭战役拉开序幕。八路军100多个团按预定作战计划在华北广大地区向日本侵略军和伪军发起了空前规模的全面进攻，首先攻占敌军车站、交通线各据点，切断电话线，然后破路，使敌人无法集结兵力和动机救援。八路军和地方武装、群众一齐扑向铁路、公路，炸桥梁，毁隧道，拆铁轨，烧枕木，平路基，砍电杆，收电线，蔚为壮观。22日午后，彭德怀和左权在作战室听取战况汇报，当作战科长报告八路军实际参战兵力共计105个团时，左权说："好！这是百团大战。作战科要仔细对确实。"彭德怀马上指出："不管是一百零几个团，就叫百团大战！"他们当即将此次破袭战役定为百团大战。

经过20多天的奋战，破袭正太路任务全部完成，平汉路、同蒲路北段、德石路、北宁路和其他主要公路均被切断或破坏，华北之敌各交通线陷于瘫痪。百团大战第一阶段的破袭取得巨大成功！百团大战的捷报为全国军民所欣喜、关注。日军惊呼："这次奇袭完全出乎我军意料之外，损失甚大，需要长时间和巨款方能恢复。"曾任延安军事学院教育长的郭化若则对左权所领导的战役计划准备工作大加赞赏："这样大规模的战役，复杂的动作，准备时间并不长久，而能完成各种必要的准备，又能严守秘密，不为敌所窥探。及至战役开始，在数千里广野上，百余团大兵能在一个意旨下，协同动作，像一个人一样，以完成其任务，这种计划性与组织性，是游击战争中所难能的。"

连续几个月，由于全神贯注地投入百团大战的紧张筹划和部署，左权很少有时间见到妻子女儿。他考虑到战役开始后，志兰和北北随总部指挥机关有许多不便，而且志兰也一直因为有了孩子担心影响自己的工作和进步，就与志兰商量，让母子俩随总部机关的一些同志于8月30日返回延安。临行前，左权抱着不满百日的爱女合了个影。他请挑夫护送母女到黄河边，自己却因工作极其繁忙，只送到了村口。之后只要有便人去延安，左权都捎上一封信，以表关心思念之情。21个月的时间，共写了12封信。这个沉默刚毅之人，字里行间充满了内心十分丰富的感情。

9月16日，八路军总部发布百团大战第二阶段作战命令，指示各部队在继续破袭交通的同时，重点攻占交通线两侧和深入各根据地内的敌人据点。从9月下旬至10月上旬，八路军不仅拔除日伪军据点2000

余个，平毁了大部分封锁沟、墙，而且打击了伪政权组织，使被分割的地区重新连成了一片。日军连遭打击，恼羞成怒，遂调集重兵，对华北各抗日根据地进行疯狂的报复“扫荡”。于是，反“扫荡”作战是百团大战的第三阶段。10月9日，彭、左适时下达了反“扫荡”的作战命令，他们亲率总部机关先后向地形更为隐蔽险要的砖壁村、石瓮村一带转移，一边紧张地部署整个华北的战局，一边沉着地指挥眼前的战斗。到12月5日，百团大战胜利结束。历时三个半月，八路军共进行大小战斗1824次，毙伤日军20645人、伪军5155人，俘日军281人、伪军1840人，攻克据点2993个，破坏铁路474公里、公路1500公里及桥梁、隧道260多处，缴获各种火炮53门、枪支5800余支以及大量军用物资。百团大战的胜利震惊中外，其重大意义正如中共中央指出的：给日寇以沉重的打击，给全国人民以无穷的希望。百团大战在敌后分割、艰难的条件下，以其运筹之巧妙、发动之隐蔽、指挥之有效、作战之英勇、群众支援之热烈，在抗日战争史上写下了光辉而富有特色的一页。左权参谋长协助彭德怀副总司令，自始至终参与了这次战役筹划准备、组织指挥的全过程。他以过人的精力和惊人的效率工作着。彭德怀对这位寡言深思、机敏沉毅、文武兼备的战友和助手十分敬重，凡有重大军事问题，都与左权共同研究决策。自从朱老总回延安后，“彭左”就成了八路军指战员对自己前方最高指挥的亲切称呼。

左权酷爱学习，凡接触过他的人对此都留下深刻的印象。警卫员早上端去一盆热水，一再催“参谋长洗脸”，左权正在读书，并用铅笔在书上批注，总是说“再看一页”。等到开饭哨吹响，水也凉了，他才不得不收拾起书本、笔记，匆匆忙忙地洗脸、吃饭。每天晚上，熄灯号吹过好久，左权还要在小油灯下工作，不是批阅电文，就是看书，或写文章。就在百团大战之后的两三个月里，他除了起草大量文电、报告之外，还撰写了许多关于游击战术的理论专著，如《论战争指导、军队组织和战术问题》、《战术问题》、《敌寇在华北之现行军事政策》等。为了吸取苏联红军的军事理论和作战经验，左权在戎马倥偬中抓紧一切时间，以刻苦顽强的精神，翻译了苏联红军的许多军事著作和作战经验材料，其中包括和刘伯承合译的《苏联新的步兵战斗条令》。他一生著译颇丰，已在报刊公开发表的有40余篇，牺牲时留存十多万字遗著，对人民战争思想、人民军队建设、游击战术和对敌斗争策略等问题都作过深入探讨，并有精辟论述。积涓涓之水，汇成江河。左权的军事理论著作，是他长期锲而不舍，紧密联系红军战史和抗战实际进行军事理论研究的成果，也是他指导革命实践，提高八路军指战员军政素质，丰富发展毛泽东军事思想的重要反映。刘伯承、邓小平曾回忆说，左权是“善于从实践中抽取与总结出原则的理论，发现规律，来指导新的实践”的“八路军最优秀的将领之一”。

1940年12月26日，八路军总部和一二九师首次召开后勤工作会议。左权在会上作了题为《论我军的后勤建设》的长篇报告，详尽阐述了后勤工作的重要性、我军后勤工作的特点和具体任务以及后勤部门和其他部门的关系等问题。1941年3月19日，左权又在八路军后勤政治工作会议上作了《各种情况下之后勤工作》的重要讲话，强调在抗日战争期间供应困难的情况下，靠着各级后勤部门的工作同志任劳任怨、努力紧张、艰苦坚持的工作，也靠着后勤政治工作的保证，自力更生，发展生产，以解决供应军队的需要。他特别讲到参谋长所负的职责：“各兵团参谋长，是秉承首长意图来指导后勤工作的。不论‘平时’一切后勤组织的建设，或作战时使后勤工作很好地适应作战的需要，都应根据首长的意图加以考虑计划，并监督其实施。”左权对军队后勤建设历来十分重视。每次部署作战任务，他总是把物资的准备、兵站的建立、粮食的筹运等考虑得周到细致，而战斗结束后，对伤员的慰问和安置，又总是身体力行，关照备至。

1941年秋季，日军又采取“捕捉奇袭”的战术，对太行根据地进行“扫荡”，妄图消灭总部领导机关。由于我军预有准备，敌在“扫荡”开始即遭我军民麻雀战、地雷战的有力打击。11月9日，退集黎城的日军4000多人奔袭黄崖洞地区，企图一举摧毁八路军兵工厂。彭

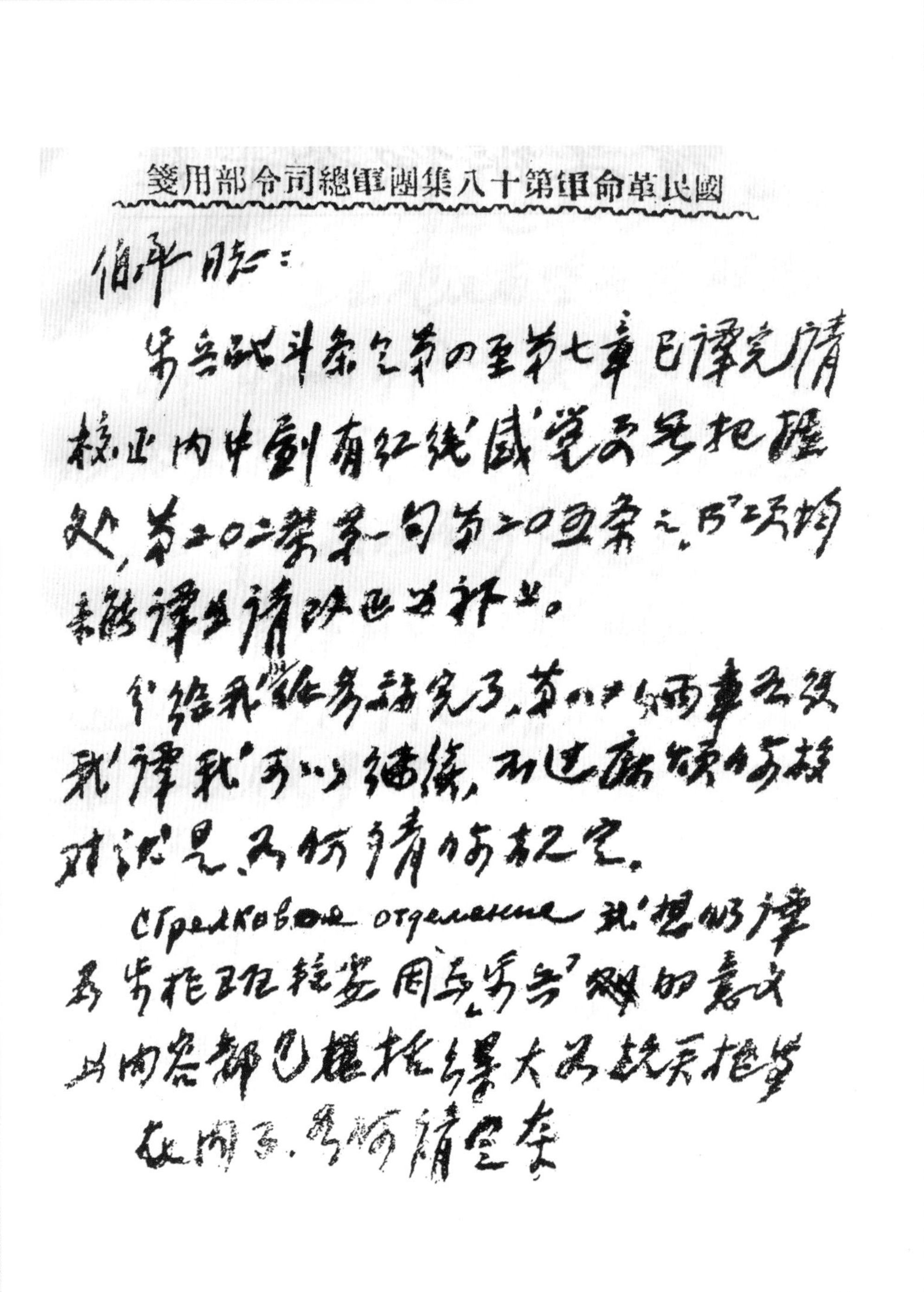

國民革命軍第十八集團軍總司令部用箋

伯承同志：

步兵战斗条令第四至第七章已译完，请校正。内中划有红线感觉不能把握处，第二〇二条第一句第二〇四条之5、6二项均未能译出，请改正为祷。

Стрелковое отделение

左权关于所译条令给刘伯承的信

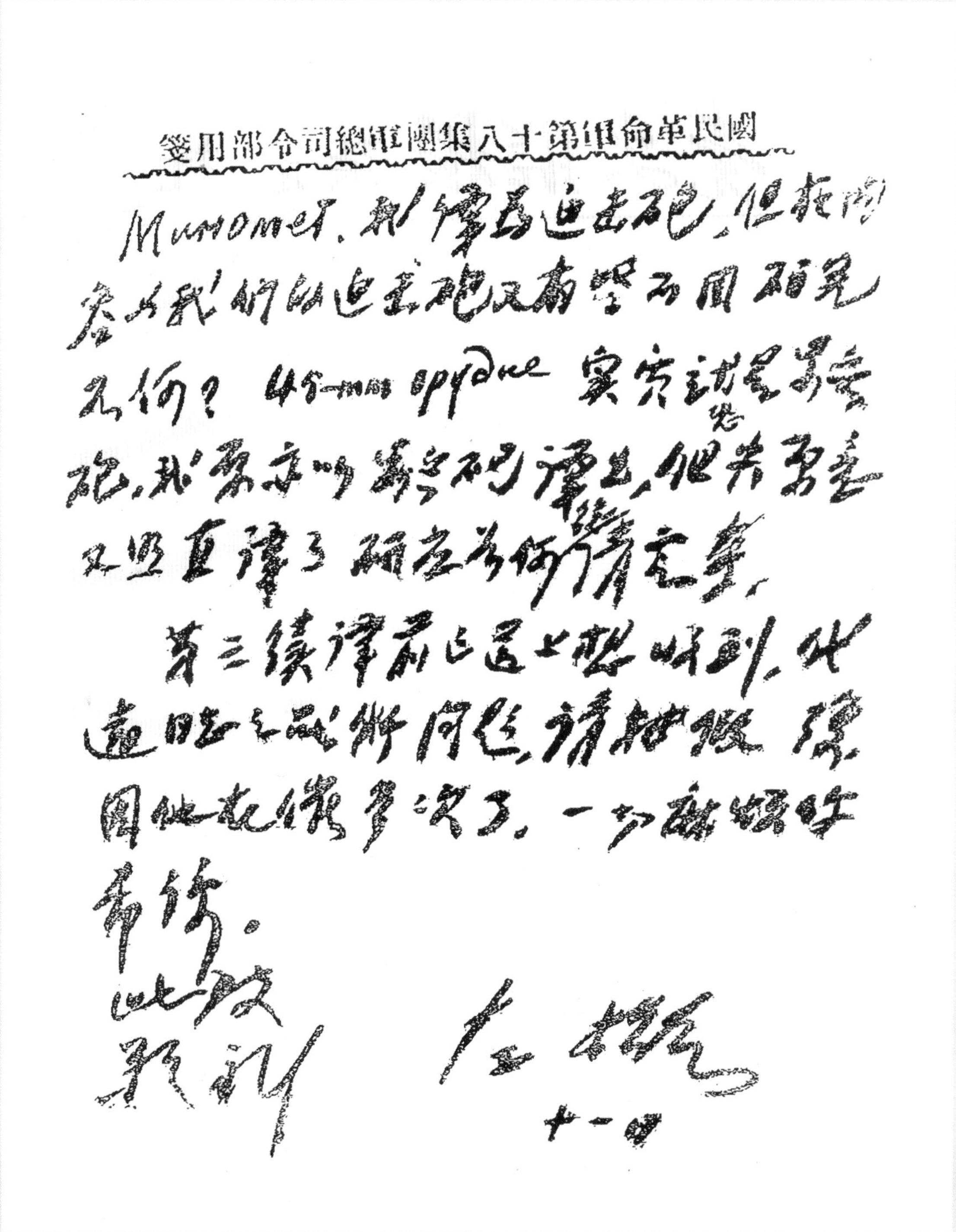

國民革命軍第十八集團軍總司令部用箋

Миномет，我們譯為迫擊砲，但我問答以我們的迫擊砲又有哪兩用名稱究為何？45-mm орудие 究竟該譯為幾公砲，我要求以幾公分砲譯出，但未曾查照直譯了，請查為何譯，請定奪。

第三號譯本已送上，[illegible]到，此[illegible]請[illegible]

[illegible]一切[illegible]

布復。

此致

敬禮

任弼時

十一日

德怀直接部署、左权具体指挥了这次黄崖洞保卫战。左权交待总部特务团的作战方法叫“咬牛筋”：把敌人咬住拖住后，猛中求稳，不骄不躁，不惶不恐，不紧不慢，以守为攻，以静制动，以逸待劳，杀敌致胜。时间上，在山口处顶住两天，杀杀敌人的势头，在二道防线再顶两天，然后上高山，待我增援部队赶到后来个反包围。特务团指战员凭借山险和兵工厂防御工事，连续打退敌人数十次冲击，浴血奋战八昼夜，在一二九师部队配合下，取得辉煌胜利。他们以不足1500人的兵力抗击了4000多敌人的进攻，歼敌800余人，自己伤亡166人，敌我伤亡比例6∶1，创造了抗战史上空前未有的纪录。此役，打出了八路军的军威，出色完成了掩护兵工厂安全转移的任务。总部授予特务团以“黄崖洞保卫战英雄团”称号，中央军委在《1941年战役综合研究》中指出：“总结1941年以来，在各地历次反‘扫荡’中，黄崖洞战斗为最成功的一次，不仅我受到损失少，同时给了敌人数倍杀伤，应作为我1941年以来反‘扫荡’的模范战斗。”

左权在频繁的战斗中勇敢坚定，常常亲临第一线指挥。1942年春节刚过，日军开始向太行根据地发起春季“扫荡”。一天有股敌人突然闯到总部驻地麻田一带，左权亲自指挥总部警卫连扼守两个山头，接连打退敌人多次冲锋，像两只铁拳护卫着总部和群众的转移，予敌以大量杀伤后，他才最后离开麻田。5月下旬，日军经过精心策划，集结三万多兵力对八路军总部和129师首脑机关进行疯狂的“铁壁合围”。彭、左慎重商讨后，决定八路军主力立即转移到外线，总部和中央北方局机关从麻田地区向东转移，准备反“扫荡”作战。左权连夜开会部署和计划总部转移事项，他叮嘱总部警卫连的干部说：“一定要保护首长的安全和掩护全体人员的转移，相信你们一定能完成这次艰巨的任务。太行山压顶也不动摇。”彭、左率总部机关和北方局、党校、报社等两千余人，于25日拂晓先后到达晋冀交界的南艾铺地区。转移中，被日军飞机发现，暴露了目标，情况十分危急。彭、左立即召开紧急会议，果断决定迅速分路突围。彭总命令，总部和北方局由左权率领向西北方向突围。敌人的飞机不断轰炸扫射，配合地面火力进行封锁。左权一面命令守卫部队凭借有利地形坚决阻击敌人，一面让警卫部队掩护彭德怀、罗瑞卿等突出敌人包围圈，自己冒着敌人猛烈的炮火，继续指挥总部机关人员转移。太阳偏西时，大部分人员突过山口。他检查队伍时，发现担文件箱的同志没有跟上来，立即命令身边警卫员转回去找，保证机密文件安全运出。警卫连连长一再恳请他尽快离开，左权深知关键时刻指挥员的言行会给指战员们带来战斗的力量和胜利的希望。他临危不惧，镇定地说：“我不能离开战斗岗位，硝烟激战中的十安岭不能没有我。”

十月二十日 星期五 第二版

左權烈士略傳

左權同志，湖南醴陵人，享年三十六歲。中學畢業生。一九二五年加入中國共產黨。黃埔軍校第一期畢業後，曾參加統一廣東的東江戰役。後由黃埔保送赴莫斯科軍事大學學習三年。一九三〇年回國後，由中共中央派赴中央蘇區工作。同年寧都起義，奉令任紅五軍團十五軍政治委員，旋任軍長。一九三三年又調任一軍團參謀長，經長征到達陝北時仍任原職。一九三六年，升任紅軍第一軍團代軍團長。改編八路軍後，即任八路軍副參謀長。直至犧牲。

一九四二年五月十九日，晉東南週圍之敵共約三萬餘人，分路向太行抗日根據地一分區及六分區進行大舉「掃蕩」。八路軍奮起迎擊，與敵發生激烈戰鬥。五月二十五日，左副參謀長率三八五旅主力，出擊竄犯麻田（遼縣東南）之敵，當在麻田以南上下清泉地區與敵搏戰，麻田及其附近之敵千餘，聞訊，陸續馳來參加作戰，左副參謀長指揮所部，向敵反覆衝殺，激戰竟日，將其擊潰，敵倉惶於午夜退回麻田。是役敵遺屍二百餘具及械彈一部。不幸，左副參謀長亦在追擊英勇指揮作戰中，中彈壯烈犧牲。

左權同志為我國有數之軍事家，他在戰略戰術方面的成就，實融會一九二五——二七年大革命時代，內戰時代及蘇聯紅軍最進步的戰術，為中國著名的游擊戰術創造人之一。他對於堅持華北敵後抗戰，有其永不可滅的功績。他的死，不僅是中國共產黨、人民解放軍的重大損失，同時也是中國民族與中國人民不可彌補的損失。

《人民日报》1950年10月20日刊登的左权略传

敌机在头顶盘旋搜索扫射。左权发现总部几名女译电员在向核桃树下跑去，他直起身来大喊：“小鬼，不要怕飞机，冲过山口！”突然，飞来的一发炮弹在他身边爆炸，左权血染沙场，不幸壮烈牺牲。

八路军总部突围成功，使日军连月来费尽心机策划的作战计划落空，“铁壁合围”和“捕捉奇袭”战术破产。左权奋勇指挥突围，以身殉国的光辉业绩万世永存。太行山坚不可摧！八路军总部和中共中央北方局继续指挥着半个中国战场的战斗，指挥着华北军民狠狠打击日本侵略者，终于迎来了抗日战争的伟大胜利。

左权将军河北涉县的陵寝

左权将军河北涉县陵寝的纪念塔

湖南醴陵县左权将军纪念碑

山西省左权县左权将军纪念亭

青山有幸埋忠骨

后 记

《左权家书》在2002年曾由解放军出版社出版，很受读者欢迎。中共中央党史研究室十分关心本书的出版工作，左权将军之女左太北同志提供了全部的照片及相关文献资料，经本书策划谢飘同志、中共党史出版社汪晓军同志、中国延安精神研究会、北京延安儿女联谊会胡木英同志，中国文联邓兴器同志共同策划，决定采取家书原件影印的方式，重新编辑出版《左权家书》，以期增强阅读家书的历史感与直观性，满足广大读者的需求。另外，饮水思源的企业家冯玉良同志，对本书的出版，给与了赞助。

本书手稿大都写作于抗日激战的空隙或行军途中，多为急就之篇，行文、笔墨自然无法顾及斟酌，笔误与错漏在所难免，加之在传送与保存过程中又历经战火洗礼、时光磨损，纸张、墨迹也或有残破与模糊的地方。此次出版，我们投入大量的时间和人力，采取技术手段加以处理，使文字尽量清晰之外，努力保留手稿的原貌。

组织和策划者们的另一个更重要意图是想通过这种不同于博物馆静态收藏的方式，使具有革命历史文物、文献价值的革命前辈、先烈们的遗文、遗书手稿，能在更加广泛的范围内得到保存、展示和传播，从而充分表达对前辈的怀念、敬仰之情，并能昭示后人红色江山来之不易。

2011年在纪念建党90周年之际，我们曾编辑出版了中国共产党建党之年唯一幸存下来的珍贵文物——《谢觉哉1921年日记》手迹原件的影印版，深受中央领导同志和老一辈革命家亲属们的喜爱，全国各级党史、文物部门和图书出版发行单位争相所求，予以传播。

以后，我们希望有更多保留和收藏有革命先烈、前辈遗书、遗稿手迹的同志能支持和参与这项工作，使更多的红色文物广泛传扬，红色思想代代传承。

编者

2014年3月

图书在版编目(CIP)数据

左权家书/左太北主编．—北京：中共党史出版社，2014.8
(2022.8 重印)
ISBN 978-7-5098-2125-1

Ⅰ.①左… Ⅱ.①左… Ⅲ.①左权(1905～1942)—书信集
Ⅳ.①K825.2

中国版本图书馆 CIP 数据核字(2013)第 078198 号

出版发行：中共党史出版社
责任编辑：吴　江
责任校对：龚秀华
责任印制：谷智宇
社　　址：北京市海淀区芙蓉里南街6号院1号楼
邮　　编：100080
网　　址：www.dscbs.com
经　　销：新华书店
印　　刷：北京汇林印务有限公司
开　　本：210mm×285mm　1/16
字　　数：106 千字
印　　张：10.25
印　　数：9701—12700 册
版　　次：2014 年 8 月第 1 版
印　　次：2022 年 8 月第 4 次印刷

ISBN 978-7-5098-2125-1
定　　价：46.00 元